세상을 바꾼

명연설

$(\cdot$ 사회 편 $\cdot)$

세상을 바꾼

명연설

SPEECHES THAT CHANGED THE WORLD

◆ 사회 편 ◆

정인성 지음

PATRICK HENRY

FREDERICK DOUGLASS

SUSAN B. ANTHONY

FLORENCE M. KELLEY

ADELINE VIRGINIA WOOLF

ALBERT EINSTEIN

MARTIN LUTHER KING JR.

RACHEL CARSON

HARVEY B. MILK

답

차례

Contens

Chapter 1

Give Me Liberty
or
Give Me Death

패트릭 헨리

Patrick Henry
1736.5.29. ~ 1799.6.6.

GIVE ME LIBERTY OR GIVE ME DEATH

#자유 #혁명 #시작

1775년 3월 23일, 미국 버지니아 리치먼드의 세인트 존 교회. 제2차 버지니아 회의. 어수선한 분위기에서 한 남자가 연단에 선다. 영국의 폭정에 대하여 어떻게 대응할 것인가를 두고 의견이 분분한 가운데, 한 남자가 힘찬 어조로 연설을 이어갔고, 청중들은 숨을 죽였다. 연설이 절정으로 치닫고 연사는 손으로 가슴을 찌르는 시늉을 하며 외친다. "자유가 아니면 죽음을 달라!"

패트릭 헨리

패트릭 헨리. 1736년 5월 29일생. 스코틀랜드 출신의 이민자 농부의 집안에서 태어나 미국 버지니아에서 자랐고, 지역의 또 다른 농장주의 딸 새라 셸턴Sarah Shelton 과 결혼하여 농장주로 사회에 진출했다. 결혼선물로 300에이커의 땅과 6명의 흑인 노예를 선물로 받을 정도였으니 형편은 나쁘지 않았던 것 같다. 그런데도 땅이 비옥하지 않았던지 다른 지주들에 비해 그리 넉넉한 삶을 살지는 못했다고 한다. 설상가상으로 1757년 집이 불에 타 없어지고, 상점을 하나 오픈했지만 실패한다. 그래도 그 농지는 그대로 남았으니 농장을 일구며물론, 노예들이 일구었겠지만 법을 공부해 법률가가 된다.

그래도 법률가로서의 직업이 확실히 천성에 잘 맞았던 것 같다. 변호사로서 맡은 사건에서 승승장구하며 이름을 알렸는데, 특히 연설능력이 뛰어나 배심원 선동에 능했다. 1763년 영국의 조세정책과 버지니아 식민들의 이해

세상을 바꾼 명연설

가 충돌한 '사제의 소송Parson's Cause [1]에서 버지니아 시민의 편에서 영국 국왕 제임스 3세를 독재자로 규정하는 등 맹렬히 비판하며 버지니아 식민의 승리를 이끌어 일약 스타로 떠올랐고, 여세를 몰아 정계에 진출해 1765년 버지니아주 하원의원에 당선되었다.

헨리의 정치 노선은 영국의 부조리에 맞선 투쟁이었다. 버지니아주 하원의원으로서의 첫 행보로 자신의 당선 직전 영국이 통과시킨 인지세법Stamp Act에 맞선 인지세법 결의안Stamp Act Resolution을 발의했다. 영국은 미 대륙에서의 패권을 둘러싼 프랑스와의 7년 전쟁이른바, 프렌치—인

---

1) 버지니아 의회는 1748년 통과된 법률에 따라 당시 교회 사제의 봉급으로 매년 16만 파운드의 담배를 지급하도록 하였는데, 흉작으로 인해 담배의 가격이 파운드당 2에서 6페니로 오르게 되자 1758년 이를 파운드당 2페니로 고정하는 법인 2페니 법(Two Penny Act)을 통과시키게 되었다. 이에 영국 왕실은 거부권을 행사하였고, 이를 근거로 제임스 마우리(James Maury) 목사가 소송을 제기해 시작된 사건. 법원은 마우리의 손을 들어주었지만, 피해보상액은 배심원들이 결정하도록 했는데, 배심원들이 피해보상금으로 1페니를 보상하도록 결정하며 영국 왕실의 거부권을 사실상 무력화시켰고, 이후 그 어떤 사제도 다시 소송을 제기하지 못했다.

디언 전쟁[2]에서의 승리를 통해 아메리카 대륙을 안정적으로 지배할 수 있게 되었지만, 엄청난 재정손실을 보게 되면서 왕실 채무의 규모가 두 배로 늘었다. 급증한 채무와 군의 유지비를 충당하기 위해 영국은 무리하게 식민지에 세금을 부과하는데, 그 시도 중 하나가 미국에서 출판되는 거의 모든 인쇄물에 영국 정부의 인지를 받도록 하여 직접세를 걷도록 하는 것이 인지세법이었다.

헨리가 결의안을 발의하면서 연단에 올라 "카이사르에게는 브루투스가 있었고, 찰스 1세에게 크롬웰이 있었듯이, 조지 3세도..."라고 말했을 때쯤 의장을 포함한 의원들 사이에서 "반역자!"라 외치기 시작했다고 한다. 엄청난 야유와 방해 시도에도 불구하고 헨리는 연설을 끝까지 이어나갔고, 이후 "No taxation without representation 대표없이 과세 없다"는 슬로건을 내걸고 반대 투쟁에 나섰다. 미국인

---

2) 7년 전쟁은 오스트리아의 왕위계승 전쟁에서 패배한 오스트리아 합스부르크 家가 프로이센에 빼앗긴 영토를 수복하기 위해 시작된 전쟁으로 거의 모든 유럽 열강들이 참전하며 확대된 전쟁. 오스트리아 진영에는 프랑스, 스웨덴, 러시아 등이 참여하였고, 프로이센 진영에는 영국과 하노버가 참여했다. 영국과 프랑스는 북미 대륙을 전장으로 하여 각자 원주민 세력을 규합해 오하이오강 주변에서 전쟁을 벌였으며, 영국의 입장에서 프랑스가 인디언들과 연합해 영국령을 침공한 것으로 규정해 이를 프렌치-인디언 전쟁으로 명명했다. 이 전쟁에서 영국이 승리해 북미 대륙에서의 패권을 공고히 하였고, 프랑스는 북미 대륙 중부의 식민지를 스페인에 양도하게 되었다.

대표자가 없는 영국 의회에서 미국에 대한 세금을 부과할 권한이 없다 선언이다. 이 선언은 오늘날 '조세법정주의'의 뿌리가 되며 실제로 저 문구 자체를 조세법정주의라 해석하기도 한다. 헨리가 이끄는 반대 투쟁은 미국 시민의 큰 호응을 얻었고, 영국 의회는 결국 인지세를 철회하기에 이른다.

당시 미국인들은 자신의 정체성을 찾아가는 시기에 있었다. 이민자의 수보다 미국 내 출생자 수가 늘어 인구가 급증하면서 자신을 미국인으로 인지하는 풍토가 조성되고 있었고, 지리적 요인으로 인해 자치제도가 발달하고 있었다. 하지만 아직 국가라는 개념이 자리 잡지는 못하고 있었고, 자신의 뿌리 또는 정체성을 영국에서 찾는 이들도 상당했다. 자신들의 뿌리가 영국에 있다고 믿는 보수주의자들은 국왕파 혹은 왕당파Loyalist로 불렸고, 여기에 저항한 독립운동 세력은 애국파Patriot라 불렸다.

그렇다고 이를 우리나라의 20세기 초 상황과 대입해서 생각하는 것은 맞지 않다. 왕당파든 애국파든 서로를 '배신자'로 생각할 나름의 명분이 있었고, 각자의 목표를 실현해야 할 복잡한 이해관계도 얽혀있었다. 하지만, 힘의 균형이 점차 미국 시민들 쪽으로 넘어가는 상황에서 영국 왕실의 무리한 조세정책과 미국 시민들에 대한 억압이 이어지면서 애국파가 대중의 인기를 얻어가고 있었다.

헨리는 버지니아주의 애국파 세력을 결집해 투쟁을 이어갔다. 미국 건국의 아버지 중 하나이자 독립선언문을 작성했으며 훗날 미국의 두 번째 대통령에 취임하는 토마스 제퍼슨Thomas Jefferson 등과 함께 영국의 수탈정책에 대응할 여러 조직을 만들어냈는데, 그중 하나가 본 연설의 무대가 되는 버지니아 회의Virginia Convention다.

여기서 당시의 상황을 이해하기 위해 잠시 보스턴으로 시선을 옮겨보자.

앞서 언급했듯이 영국은 제국을 운영하며 각종 전쟁 비용 등을 충당하기 위해 무리하게 식민지에 대한 세금을 부과했다. 영국의 탄압에 못 이겨 건너온 청교도들이 정착해 세운 매사추세츠 주의 대표적 도시 보스턴은 상업과 교육이 발달하였기에 영국에 대해 상대적으로 비판적이었고, 자치제도가 발달했으며, 세금 문제에 대해 상당히 예민할 수밖에 없었다. 시위도 빈번하게 이루어졌는데,

1770년 3월 5일 벌어진 '보스턴 학살사건Boston Massacre[3]'
과 1773년 12월 16일에 벌어진 '보스턴 차茶, tea 사건'이
대표적이다. 이중 보스턴 차 사건은 스스로를 '자유의 아
들들Sons of Liberty'라 부르는 급진주의자 130여 명이 인디
언으로 분장하고 보스턴 항에 정박되어 있는 영국 선박에
올라 차 342박스를 바다에 던져버린 사건[4]으로 미국 혁명
의 직접적 도화선이 된다.

보스턴 차 사건에 분개한 영국 정부는 미국인들 입
장에서 이른바 '참을 수 없는 법Intolerable Acts'들의 제정
을 통해 매사추세츠에 대한 강력한 보복 조치를 한다. 보
스턴 차 사건으로 인한 손해를 배상할 때까지 보스턴 항
을 폐지한다는 내용의 '보스턴항 법Boston Port Act', 매사
추세츠 주의 거의 모든 공직을 영국에서 임명한 주지사
나 영국 왕, 영국 의회가 임명한다는 '매사추세츠 정부 법
Massachusetts Government Act', 군인이나 관리의 재판을 영국

---

3) 1770년 3월 5일, 보스턴시에 주둔한 영국군과 시민들이 우발적으로 충돌한 사건으
로 위협을 느낀 영국 병사들이 장교의 명령 없이 발포하며 시민 5명이 사망하고 6명
이 부상당한 사건.

4) 1773년 영국 정부가 미국 식민지 상인들의 차 밀매를 금지시키고, 동인도회사에 독
점권을 부여한 것이 원인이 되었다.

본토나 미국 이외의 식민지에서 연다는 내용의 '사법 행정법Administration of Justice Act', 미국 내 영국군들이 필요하면 언제는 민간주택에서 숙박을 할 수 있도록 하는 '병영법Quartering Acts' 등이 그것이다.

보스턴에서 벌어진 일련의 사건은 미국 전역에 큰 충격을 안겨주었다. 그 누구도 안전할 수 없다는 두려움과 영국 왕실에 대한 배신감과 분노는 공동대응을 요구하는 목소리로 이어졌다. 이에 앞장선 것은 헨리가 속한 버지니아 주였다. 버지니아의 정치 지도자들은 보스턴 시민들과의 연대를 선언하는 한편, 미국 13개 주의 대표단을 소집하는 대륙회의Continental Congress 의 개최를 결의한다.

문제는 방법론. 제1차 대륙회의에 모인 대표단은 보스턴의 상황에 대하여 영국에 대항한다는 추상적인 명제에만 동의한 상태로 모였기 때문에 어떠한 단일행동을 할지 결정하는데, 어려움을 겪었다. 헨리나 존 아담스와 같은 급진파들은 식민지의 독립을 향한 무력항쟁을 주장하였고, 존 제이와 같은 보수주의자들은 영국 의회의 부당한 정책을 철회토록 압박하는 수준의 공동행동을 주장하며 분열했다. 결국, 첫 회의는 영국 상품을 보이콧한다는 결의와 다음 회의 일정을 잡는 결과만 낸 채 해산한다. 설상가상으로 보스턴 외곽지역에서는 시민군이 형성되었고, 1775년 2월 영국은 매사추세츠를 반란지역으로 선포하여 토마스 게이지Thomas Gage 중장으로 하여금 반군을 진압할 것을 명하며 상황은 걷잡을 수 없이 악화되었다.

이런 절체절명의 순간에도 미국 각 지역의 대표들은 어떻게 해야 할지 갈피를 잡지 못하고 있었다. 그도 그럴 것이, 지역별로 이해관계가 다른 부분도 있고, 이런 이해관계를 어떻게 조정해서 의사결정을 해야 하는지에 대한 합의조차 없었다. 백인 남성이 주도한다는 점 빼고는 이민 배경, 정치적 입장, 종교적 성향, 사회제도, 문화 등 어느 것 하나 일치하지 않았던 미국인들의 대표단이 어떤 결정을 한다고 해서 미국 시민들이 그대로 따라 줄 것이라 기대하기도 쉽지 않았기 때문이다. 이 명분이 '자유'와 '독립'의 쟁취라고 한다면 당시 세계 최강국인 영국과의 전쟁에서 승리해야만 했다. 전쟁의 승리, 영국으로부터 쟁취한 자유가 누구에게 어떻게 보장되는지 등에 대해서 그 어떤 것도 보장된 것이 없었다. 그럼에도 불구하고, 미국 시민들에게 더 이상의 선택권은 없었고 누군가는 그들에게 영국에 대한 헛된 희망이나 두려움을 극복하고 함께 승리를 쟁취할 수 있다는 비전을 제시해야 했다.

세계사의 운명을 결정할 무대가 1775년 3월 23일 버지니아 리치먼드 세인트 존 교회에서 열린 버지니아 회의에서 마련되었다. 헨리는 갈팡질팡하는 지도자들 사이에서 단상에 올라 미국인들에게 역사의 운명을 받아들이고 함께 무장투쟁을 통해 자유를 쟁취하자는 '자유가 아니면 죽음을 달라' 연설을 펼쳤다. 이 연설에 감명받은 지도자들은 각성하여 미국 시민들이 영국으로부터 독립한다는 내용의 결의안을 채택하고 헨리를 시민군 창설을 위한 위원회의 위원장에 임명하였다. 시민군이 창설되어 훈련 중이라는 첩보를 입수한 영국군은 결국 1775년 4월 19일 렉싱턴Lexington과 콘코드Concord에서 시민군과 충돌하였고, 이 사건으로 미국혁명 전쟁이 시작된다.

헨리의 연설은 불안에 떠는 시민들이 자신들의 다름을 극복하고 '자유'라는 가치 아래 연대하여 영국군에 맞설 수 있도록 목적을 부여했다. 헨리가 외친 자유는 제국의 착취와 억압으로부터 독립하여 시민들이 스스로의 운명을 결정할 자유인 자주권의 요청이었다. 이 추상적인 요청에 미국 시민들이 마음을 움직일 수 있었던 것은 그

동안 쌓여온 미국 시민들의 희생과 헨리가 보여준 승리의 경험들이 있었기 때문이다. '정의'란 무엇인지, '자유'란 무엇인지 정의하기는 어렵지만 정의롭지 못하고 자유롭지 못한 것이 무엇인지는 논리가 아닌 직관으로 알 수 있다. 영국은 통치 권력을 활용해 미국인들에게 희생을 강요했고, 시민의 자유는 점점 제한되었다. 영국군이 미대륙에 진군한 상황에서 헨리가 변호사로서, 그리고 정치인으로서 일관적으로 영국의 부정의에 맞선 투쟁을 이끌고 미국인들에게 안겨준 승리의 경험들은 미국인들을 설득하기에 충분했다. 미국인들은 스스로의 운명을 결정짓기로 결심했고, 함께 피로써 그것을 쟁취해냈다.

하지만, 모든 혁명이 그러하듯 승리의 과실이 모두에게 돌아간 것은 아니다. 미국 시민들은 혁명을 통해 새로운 국가를 건설하였지만, 모두에게 '자유' 혹은 자주권이 주어지지는 않았다. 백인 남성을 제외하고는 '시민'으로 인정받지도 못했고, 남부의 주들을 중심으로 노예제는 계속 이어졌다. 이 때문에 미국의 혁명이 백인들 만의 이권 투쟁이라고 하는 의견이 있지만, 이는 단기적 결과만을 놓고 평가했을 뿐 아니라 여성들과 흑인들의 참여를 평가절하한 것이라 동의하기 어렵다. 자유롭고 정의로운 사회를 만드는 일은 인류가 아직도 함께 풀어가야 할 숙제다. 패트릭 헨리와 미국시민들이 함께 일군 미국 혁명은 민주주의 국가를 세우고 함께 민주주의 발전의 역사를 써 내려가는 과정의 중요한 챕터라고 보는 것이 옳을 것이다.

민주주의의 발전은 한 사람이 열 발자국을 가는 것이 아니라 수천수만의 사람들이 한 걸음씩 전진하는 과정이다. 불완전한 인간들이 함께하는 만큼 그 결과도 불완전하고 더딜 수밖에 없다. 만병통치약이나 구원자라는 존재는 신화에만 존재할 뿐, 사회가 한 걸음 나아가기 위해서는 실제로 수많은 이들의 시간과 희생을 필요로 한다. 민중의 힘으로 일군 '혁명'이라는 것도 수많은 희생에서 하나의 출발점을 확보하는 과정으로 바라봐야 하며 모든 문제를 일순간에 해결해주는 사건이라고 생각해서는 안 된다. 함께 힘들고 오랜 시간에 걸쳐 얻어내는 불완전하고 작은 것들이기에 더 값진 것이 아닐까?

하지만, 그 수만 명이 한 발자국을 내딛기 위해서는 누군가 열 발자국을 먼저 내딛는 용기를 보여주는 것도 중요하다. 미국 혁명의 과정에서도 열 발자국 먼저 앞서 간 헨리와 같은 사람들, 이른바 '건국의 아버지들Founding

Fathers[5]이 있었기 때문에 다수가 따를 수 있었다.

  우리의 역사에서도 3.1운동, 4.19, 5.18, 6월 항쟁, 그리고 최근의 촛불 혁명의 시작점에는 언제나 열 발자국 앞서간 이들의 용기와 희생이 있었다. 그 용기에 수많은 다수가 응답해 대한민국이라는 국가가 어떤 국가인지, 어떤 국가여야 하는지를 주체적으로 결정하는 역사적인 순간들을 경험해왔다. 하지만, 그런 순간들을 맞이하고 모든 국민의 삶이 당장 좋아졌냐고 물어본다면 '그렇다'라고 대답할 사람은 많지 않을 것이다. 이는 국민들이 각자의 위치에서 새로운 연대를 통해 함께 만들어가야 할 과제이기 때문이다. 사회적 다양성이 커지고 빠르게 변화하는 현대사회에서 이러한 과제들을 해결하는 과정은 그 어느 때보다 복잡할 것이다. 그럼에도 불구하고 중요한 것은 '혁명'이 모든 것의 해결을 의미하는 것이 아닌 새로운 시작임을 인지하고 성공의 경험을 살려 또다시 연대하고 인내하는 것이다.

---

5) 이는 건국을 다수의 사람들 함께 만들어나간 과정 속에서 발생한 사건으로 바라보는 시각이 담긴 표현으로 특정인을 '국부(國父)'로 추대해 영웅시하려는 국내 일부 집단과 대조된다. 이 집단이 미국을 그렇게 좋아한다면 미국에서 이런 것도 좀 같이 배웠으면 어떨까 생각한다.

이 책에서는 당시 열 걸음을 앞서 나간 사람들의 삶이 묻어나는 연설을 통해 이들이 시민들과 함께 만들어 가려 했던 사회의 모습과 오늘날 우리 사회는 어떻게 응답하고 있는지 질문을 던져보고자 한다.

GIVE ME LIBERTY OR GIVE ME DEATH

연설

본 의회에 발표를 해주신 훌륭한 분들의 애국심과 능력을 저만큼 높이 여기는 사람은 없을 겁니다. 그러나 서로 다른 사람들은 같은 주제를 다른 시선으로 바라봅니다. 따라서, 제 생각을 자유롭고 아낌없이 말씀드리는 것이 저와 아주 상반된 의견을 가진 다른 분들에게 무례한 것으로 받아들여지지 않기를 희망합니다.

No man thinks more highly than I do of the patriotism, as well as abilities, of the very worthy gentlemen who have just addressed the House. But different men often see the same subject in different lights and, therefore, I hope it will not be thought disrespectful to those gentlemen if, entertaining as I do opinions of a character very opposite to theirs, I shall speak forth my sentiments freely and without reserve.

지금은 어떠한 격식이나 차릴 때가 아닙니다. 본 의회는 이 나라에 닥친 끔찍한 순간에 대한 문제에 당면했습니다. 저는 이를 자유인이 되느냐 노예가 되느냐의 문제라 생각합니다. 그리고 사안의 중대성으로 비추어볼 때 본 주제는 자유롭게 논의되어야 합니다. 이것만이 우리가 진실에 도달하고 하나님과 우리나라에 갖는 막중한 책임을 완수하는 방법입니다. 이러한 시기에 제가 누군가를 불쾌하게 할까 두려워 제 의견을 피력하지 못한다면 이는 나라에 대한 반역이 될 것이며 세상 어느 군주보다 더 경외하는 하나님의 뜻을 거역하는 것이 될 것입니다.

This is no time for ceremony. The question before the House is one of awful moment to this country. For my own part, I consider it as nothing less than a question of freedom or slavery and in proportion to the magnitude of the subject ought to be the freedom of the debate. It is only in this way that we can hope to arrive at truth, and fulfill the great responsibility which we hold to God and our country. Should I keep back my opinions at such a time, through fear of giving offense, I should consider myself as guilty of treason towards my country, and of an act of disloyalty toward the Majesty of Heaven, which I revere above all earthly kings.

의장님, 사람이 희망의 환상에 빠지는 것은 자연스러운 것입니다. 우리는 가혹한 진실에 대하여 눈을 감거나 세이렌이 우리를 괴수로 변모시킬 때까지 그녀의 노래에 귀를 기울이는 경향이 있습니다. 자유를 위한 원대하고 험난한 투쟁에 나선 지혜로운 사람들이 그래서야 되겠습니까? 우리가 한시적 마음의 안식을 위해 눈이 있어도 보지 않고, 귀가 있어도 듣지 않는 이들처럼 되려고 하는 것입니까? 저는 어떠한 영혼의 고통이 따르더라도 모든 진실을 알아내 최악의 사태에 대비하고자 합니다.

Mr. President, it is natural to man to indulge in the illusions of hope. We are apt to shut our eyes against a painful truth, and listen to the song of that siren till she transforms us into beasts. Is this the part of wise men, engaged in a great and arduous struggle for liberty? Are we disposed to be of the number of those who, having eyes, see not, and, having ears, hear not, the things which so nearly concern their temporal salvation? For my part, whatever anguish of spirit it may cost, I am willing to know the whole truth to know the worst, and to provide for it.

제 발길을 비추어주는 단 하나의 등불이 있습니다. 바로 경험의 등불입니다. 저는 미래를 판단하는 방법은 과거를 통해서 밖에 없다는 것을 압니다. 과거를 비추어볼 때 지난 10년간 영국 정부가 한 일 중, 본 의회와 여기 모인 여러분들의 희망을 정당화할 만큼 위안을 준 것이 대체 무엇인지 알고 싶습니다. 우리의 청원을 받아들이면서 그들이 보인 음흉한 미소 때문입니까? 믿지 마십시오. 그 미소는 우리 발아래 놓인 덫임이 드러날 것입니다. 입맞춤과 함께 배신당하는 고통을 겪지 마십시오. 여러분 자신에게 물어보세요. 그들이 우리의 청원을 점잖게 받아들이면서 한편으로 우리의 영해를 뒤덮고 우리의 영토를 어둡게 만들 전쟁준비를 하는 것이 양립할 수 있는지. 사랑과 화해에 함대와 군대가 필요합니까? 그들이 우리의 사랑을 다시 되찾기 위해 무력을 동원해야 할 만큼 우리가 강하게 화해를 거부했었습니까? 우리 자신을 속이지 맙시다. 이것은 군주가 마지막으로 사용하는 도구인 전쟁과 정복의 이행입니다. 신사 여러분, 이러한 무력시위가 우리의 복종을 강요하기 위한 것이 아니면 무엇이란 말입니까? 여러분은 그 밖에 어떠한 긍정적 동기를 찾을 수 있습니까? 영국은 대체 이곳에 어떤 적이 있어서 이 모든 해군과 육군 병력을 배치했단 말입니까? 없습니다. 단 하나도 없습니다. 이는 다른 누구도 아닌 우리를 대상으로 한 것입니다. 영국 정부가 오랫동안 구축한 사슬로 우리를 묶고 고정하기 위해 보내진 것입니다. 우리가 저들에 맞설 수 있는 게 무엇이 있습니까? 우리는 그들에 맞설 수 있는 것이 무엇입니까? 논쟁을 해볼까요? 우린 이미 그것을 지난 10년간 시도해왔습니다. 그 문제에 대해서 더 새롭게 내놓을 것이 있습니까? 없습니다. 우리는 그 문제를 가능한 모든 각도에서 다루어보았으나 모두 허사였습니다. 그들에게 애걸복걸해볼까요? 우리가 지금껏 해봐서 실패하지 않은 것들이 뭐가 있습니까?

I have but one lamp by which my feet are guided, and that is the lamp of experience. I know of no way of judging of the future but by the past. And judging by the past, I wish to know what there has been in the conduct

패트릭 헨리

of the British ministry for the last ten years to justify those hopes with which gentlemen have been pleased to solace themselves and the House. Is it that insidious smile with which our petition has been lately received? Trust it not, sir it will prove a snare to your feet. Suffer not yourselves to be betrayed with a kiss. Ask yourselves how this gracious reception of our petition comports with those warlike preparations which cover our waters and darken our land. Are fleets and armies necessary to a work of love and reconciliation? Have we shown ourselves so unwilling to be reconciled that force must be called in to win back our love? Let us not deceive ourselves, sir. These are the implements of war and subjugation the last arguments to which kings resort. I ask gentlemen, sir, what means this martial array, if its purpose be not to force us to submission? Can gentlemen assign any other possible motive for it? Has Great Britain any enemy, in this quarter of the world, to call for all this accumulation of navies and armies? No, sir, she has none. They are meant for us they can be meant for no other. They are sent over to bind and rivet upon us those chains which the British

ministry have been so long forging. And what have we
to oppose to them? Shall we try argument? Sir, we have
been trying that for the last ten years. Have we anything
new to offer upon the subject? Nothing. We have held the
subject up in every light of which it is capable but it has
been all in vain. Shall we resort to entreaty and humble
supplication? What terms shall we find which have not
been already exhausted?

여러분, 제발 말씀드리는데, 자신을 속이지 맙시다. 우
리는 다가오는 폭풍우를 피하고자 할 수 있는 모든 것을
해왔습니다. 청원도 해봤고, 항의도 해봤고, 애원도 해봤
고, 왕좌 앞에 납작 엎드리기도 해봤고, 영국 정부와 의회
의 학정을 막아달라고 왕좌에 중재를 간청하기도 했습니
다. 우리의 청원은 무시되었고, 우리의 항의는 추가적 폭
력과 모욕을 불러왔으며, 우리는 국왕의 발아래에서 멸
시와 함께 쫓겨났습니다! 이 모든 일을 당하고도 평화와
화해를 희망하는 것은 헛된 일입니다. 이제 더 이상 희망
에 설 자리는 없습니다. 우리가 자유롭고자 한다면 - 우
리가 오래도록 싸우며 지켜온 불가침의 권리들을 보존하
고자 한다면 - 우리가 비겁하게 우리가 그토록 오래도

패트릭 헨리

록 수행해온 신성한 투쟁이나 우리가 얻을 때까지 절대
포기하지 않겠다고 맹세한 숭고한 목적을 버리고자 하는
것이 아니라면 - 우리는 싸워야 합니다! 다시 한번 말씀
드립니다. 우리는 싸워야 합니다! 무기에 호소하고 만군
의 하나님께 호소하는 것만이 우리에게 남은 유일한 길
입니다!

Let us not, I beseech you, sir, deceive ourselves. Sir,
we have done everything that could be done to avert
the storm which is now coming on. We have petitioned
we have remonstrated we have supplicated we have
prostrated ourselves before the throne, and have implored
its interposition to arrest the tyrannical hands of the
ministry and Parliament. Our petitions have been slighted
our remonstrances have produced additional violence and
insult our supplications have been disregarded and we
have been spurned, with contempt, from the foot of the
throne! In vain, after these things, may we indulge the
fond hope of peace and reconciliation. There is no longer
any room for hope. If we wish to be free-- if we mean to
preserve inviolate those inestimable privileges for which

we have been so long contending--if we mean not basely to abandon the noble struggle in which we have been so long engaged, and which we have pledged ourselves never to abandon until the glorious object of our contest shall be obtained--we must fight! I repeat it, sir, we must fight! An appeal to arms and to the God of hosts is all that is left us!

　그들은 우리에게 말합니다. 우리가 약하다고. 가공할 힘을 가진 적에 맞설 능력이 없다고. 하지만 언제 우리가 더 강해질 수 있습니까? 다음 주? 내년? 우리가 모두 무장해제되고 영국 경비병들이 모든 가정에 주둔할 때입니까? 우리가 우유부단함과 무대응으로 어떻게 힘을 얻을 수 있겠습니까? 그들이 우리의 손발을 묶을 때까지 등을 붙이고 누워 희망이라는 헛된 환상에 사로잡혀있으면 어떻게 효과적인 저항의 수단을 얻을 수 있겠습니까? 대자연의 하나님이 우리에게 부여한 힘을 제대로 활용한다면 우리는 결코 약하지 않습니다. 우리가 가진 이 나라에서 자유의 신성한 동기로 무장한 수백만의 시민들은 우리의 적이 어떠한 무력을 가한다 해도 절대 지지 않을 것입니다. 더군다나 우리는 홀로 싸우지 않을 것입니다. 우리에게는 모든 국가의 운명을 관장하시며 우리를 위해 싸워줄 원군을 보내주실 정의로운 하나님이 있습니다. 강한 자가 싸움에서 승리하는 것이 아닙니다. 늘 경계를 늦추지 않고, 적극적이며, 용감한 자가 승리합니다. 어차피 우리에게 선택은 없습니다. 우리가 그것을 추구할 만큼 비열하다 하더라도 우리가 이 싸움에서 물러나기에 이제 너무 늦었습니다. 굴종과 노예가 되는 것 외에 어떠한 후퇴는 있을 수 없습니다! 우리에게 사슬은 이미 채워졌습니다! 그 사슬이 부딪치는 소리는 보스턴 들판에 들릴 것입니다! 전쟁은 피할 수 없습니다. - 오라고 하십시오! 다시 말씀드립니다. 오라고 하십시오.

They tell us, sir, that we are weak unable to cope with so formidable an adversary. But when shall we be stronger? Will it be the next week, or the next year? Will it be when we are totally disarmed, and when a British guard shall be stationed in every house? Shall we gather strength by irresolution and inaction? Shall we acquire the means of effectual resistance by lying supinely on our backs and hugging the delusive phantom of hope, until our enemies shall have bound us hand and foot? Sir, we are not weak if we make a proper use of those means which the God of nature hath placed in our power. The millions of people, armed in the holy cause of liberty, and in such a country as that which we possess, are invincible by any force which our enemy can send against us. Besides, sir, we shall not fight our battles alone. There is a just God who presides over the destinies of nations, and who will raise up friends to fight our battles for us. The battle, sir, is not to the strong alone it is to the vigilant, the active, the brave. Besides, sir, we have no election. If we were base enough to desire it, it is now too late to retire from the contest. There is no retreat but in submission and slavery! Our chains are forged! Their clanking may be heard on the plains of Boston! The war is inevitable--and let it come! I repeat it, sir, let it come.

사태를 완화하려는 것은 헛된 일입니다. 여러분들 중에는 평화 평화를 외치는 이도 있을 수 있습니다. 그러나 평화는 없습니다. 전쟁은 이미 시작되었습니다! 북에서 불어오는 다음 돌풍은 우리의 귀에 무기가 부딪치는 굉음을 들려줄 것입니다! 우리의 형제들은 이미 전장에 있습니다! 그런데 왜 우리는 여기서 가만히 있는 것입니까? 여러분들이 원하는 것이 무엇입니까? 여러분들이 얻는 것이 무엇입니까? 쇠사슬과 노예화로 대가를 치러야 할만큼 삶이 그렇게 소중하고 평화가 그렇게 달콤하단 말입니까? 절대 그럴 리 없습니다! 다른 사람들이 어떠할지 모르지만, 저는 말합니다. 자유가 아니면 죽음을 달라!

It is in vain, sir, to extenuate the matter. Gentlemen may cry, Peace, Peace-- but there is no peace. The war is actually begun! The next gale that sweeps from the north will bring to our ears the clash of resounding arms! Our brethren are already in the field! Why stand we here idle? What is it that gentlemen wish? What would they have? Is life so dear, or peace so sweet, as to be purchased at the price of chains and slavery? Forbid it, Almighty God! I know not what course others may take but as for me, give me liberty or give me death!

CHAPTER 2

The Hypocracy
of
American Slavery

프레드릭 더글러스
Frederick Douglass
1818. ~ 1895. 2. 20.
(노예 출신으로 출생일 미상)

THE HYPOCRACY OF AMERICAN SLAVERY

#노예 #위선 #연대

1852년 7월 5일, 뉴욕의 로체스터. 전날인 독립기념일 축제의 분위기가 채 가시기 전, 수많은 백인 여성들 앞에 한 남자가 연단에 오른다. 시민은커녕 인간으로 취급되지도 못했던 흑인. 남자는 축제 분위기에 찬물을 끼얹으며 연설을 시작한다. 미국 시민들이 자유를 쟁취 한 날을 기념하는 백인 남성들을 한창 꾸짖던 남자는 미국인들에게 외친다. "미국의 역겨운 야만성과 파렴치한 위선은 세계 어느 나라에서도 찾아볼 수 없다."

프레드릭 더글러스

프레드릭 더글러스. 노예의 자식으로 태어나 독학으로 글을 깨우치고, 노예해방 주(州)로 달아나 교통도 발달하지 않았던 당시, 미국뿐 아니라 세계를 돌며 모든 흑인도 사람이라는 너무나도 당연하지만, 당시에는 혁명적인 이야기를 전파하고 다닌 인물이다. 1세대 흑인 인권운동가로서 링컨의 노예해방에도 큰 영향을 미쳤고, 흑인뿐 아니라 여성운동에도 참여하며 인간은 모두가 평등하다는 원칙을 사회가 받아들이도록 하는 데 인생을 바쳤다.

1776년 건국 이전부터 미국에는 노예제가 존재하였다. 북부와 남부는 노예제에 대한 태도가 달랐는데, 상공업이 발달한 북부에서는 노예제를 폐지하려는 흐름이 있었고, 노예 인력에 의존한 플랜테이션 농업이 발달한 남부에서는 노예제를 반드시 유지하고자 하였다. 갈등의 골은 제정헌법을 구성할 때부터 나타나기 시작했는데, 노예를 '사람'으로 인정할 수 있는가에 대한 것이 쟁점이 되었다. 주마다 균등한 인원이 배정된 연방상원의회와는 달리 하원 의회는 각 주의 인구수에 비례하여 의석수가 배분되었고, 당시에는 대통령도 의회에서 선출하였기 때문에 각 주는 최대한 많은 의회 대표를 확보하기 위해 치열하게 싸웠다. 결과적으로 아이러니하게도 노예를 사람 취급하지 않는 남부는 노예를 인구에 포함해야 한다고 주장하였고, 북부에서는 노예가 인구에 포함되면 안 된다고 주장하는 상황이 벌어졌다.

결국, 노예 한 명을 3/5명으로 취급하여 하원의원 수를 결정하는 제정헌법이 합의·통과되었다. 제정헌법에는 1808년 1월 1일 이전에 연방정부가 노예의 수입을 금지하는 어떠한 조치도 취할 수 없도록 하는 조항이 포함되었고, 노예제를 채택한 주에서 도망간 노예들의 신분을 자유인 신분으로 해방해줄 수 없으며 기존 농장주들에게 돌려주어야 한다는 조항도 포함되어 있었다. 이것이 그 위대하다는 미국 건국의 아버지들에게 있어 최악의 흑역사가 아닐까 싶다.

1818년경 노예제를 채택하고 있던 메릴랜드주에서 태어난 프레드릭 더글러스는 농장주 부인에게서 알파벳을 배운 것을 시작으로 독학으로 글을 깨우쳤는데, "지식은 노예제에서 자유로 가는 길이다"라는 말을 종종 하고 다닐 정도로 마음에 새겼다. 노예에게 글을 가르치는 것이 제도적으로 금지되던 당시에 더글러스가 글을 배울 수 있었던 것은 상당히 이례적인 일이었다.

여러 농장주 사이에서 물건처럼 넘겨져 여기저기 떠돌아다니던 더글러스는 1837년 볼티모어의 해방 노예 안나 머레이Anna Murray를 만나 사랑에 빠졌는데, 머레이는 더글러스가 자유를 얻을 수 있다는 믿음을 심어주었고, 1838년 9월 3일 더글러스의 탈출을 도왔다. 교통이 발달하지 않았던 당시 기차와 선박을 이용하여 델라웨어와 필라델피아를 거쳐 뉴욕에 도착하게 되는데, 이 모든 과정이 24시간밖에 걸리지 않았다고 하니 더글러스는 탈출 과정에서 초인적인 힘을 발휘했던 것으로 보인다.

탈출을 통해 자유를 찾은 다른 해방 노예들과 마찬가지로 더글러스는 자신에게 주어진 자유에 감사하며 조용히 지낼 수도 있었다. 탈출 노예들은 헌법에 따라 자신이 탈출한 농장으로 소환되어야 했기 때문에 자신을 드러낸다는 것은 상당한 위험을 수반했다. 그럼에도 불구하고 자신과 같은 자유를 누리지 못하고 처참한 상황에 놓인 노예 형제들의 절규를 무시할 수 없었다. 또한, 자신이 목숨을 건 탈출을 통해 얻어낸 '자유'도 제도적 차별과 분리 정책에 의해 제한되고 있으며 그것을 온전히 누리는 이들은 백인 남성들뿐이라는 사실을 깨닫고 실망했다. 결국, 더글러스는 노예제의 폐지와 만인이 평등한 자유를 누리는 사회를 만들기 위해 자신의 자유를 위험에 빠뜨리는 것을 감수하기로 결심했다.

1839년 목사 안수를 받고 흑인교회를 이끌며 다양한 노예제 폐지 운동 모임에 참석하던 더글러스는 윌리엄 로이드 개리슨William Lloyd Garrison이 발간한 노예제 폐지 운동 주간지 〈The Liberator〉를 읽게 되고 그의 글들을 성경 다음으로 신봉할 정도로 감명을 받았다. 23세가 되던 1841년 개리슨의 연설을 보기 위해 찾아간 자리에서 개리슨의 눈에 띄어 얼떨결에 연단에 올라 자신의 삶에 대해 이야기하게 된 것을 시작으로 둘은 노예해방의 동반자로 미국을 돌며 연설을 이어갔다.

더글러스가 명성을 얻으면서 기존 농장주가 그를 소환하게 될 것을 우려한 지인들은 그에게 잠시 해외에 나가 있을 것을 제안하였고 더글러스는 이를 받아들여 1845년 8월 16일 영국으로 몸을 피했다. 이는 당시 해방 노예들이 많이 활용하던 수법이었다. 더글러스는 민주주의도 아닌 왕정을 채택한 영국에서 흑인들이 자유롭게, 그것도 제도적 분리나 차별 없이 생활하는 것을 보고 충격을 받았다. 이러한 경험은 그의 투쟁 의식에 더욱 불을 지폈고,

미국 노예제도의 참상을 알리는 활동을 2년간 해외에서 이어갔다. 더글러스의 영국 지지자들은 성금을 모아 더글러스의 기존 농장주로부터 더글러스의 자유를 사들여 해방시켜주었는데, 그는 당시의 경험에 대해 사람들이 자신을 피부색이 아닌 사람으로 바라봐주었다고 회상했다.

2년간의 도피 생활을 마친 더글러스는 미국으로 돌아와 투쟁을 이어갔다. 더글러스는 노예해방 전선이 여성운동과 연대해야 한다고 믿었고, 이러한 사상은 그가 발간한 첫 노예해방신문 〈The North Star〉의 슬로건 "권리에는 성별의 구분이 없고, 진실에는 색깔의 구분이 없으며, 하나님은 우리 모두의 아버지고 우리는 모두 형제다 Right is of no Sex - Truth is of no color - God is the father of us all, and we are all brethren"에 드러난다. 이 잡지는 1851년 게릿 스미스Garret Smith 의 〈Liberty Party Paper〉과 병합하여 〈Frederick Douglass Paper〉가 되었다.

이 시점에서 더글러스는 자신의 멘토이기도 했던 개리슨과 결별하게 되었는데, 투쟁 방식에 대한 견해 차이 때문이었다. 개리슨은 미국 헌법을 전부 부정하며 투쟁해야 한다고 주장한 반면, 더글러스는 헌법을 근거로 투쟁해야 한다고 주장하였다. 개리슨의 방식을 지나치게 급진적이어서 사람들의 지지를 받기 어렵다고 판단한 더글러스는 독자노선을 걷게 되는데, 이는 노예해방 전선의 가장 대표적인 분열로 기록된다.

이런 상황에서 더글러스는 1852년 7월 5일, 뉴욕 로체스터에서 '노예제에 반대하는 여성 모임Ladies' Anti-Slavery Society'의 회원들 앞에서 본 챕터에 나오는 연설을 발표했다. 전날 7월 4일 독립기념일 축제 열기가 채 가시기도 전에 더글러스는 자유라는 이름으로 축제를 즐기는 백인 남성들에게 헌법과 인간의 기본적 가치에 근거하여 미국의 노예거래에 대하여 비판해 나갔다. 또한, 자신의 경험에 비추어 민주주의와 노예제를 함께 채택하고 있는 미국이 왕정을 채택하면서도 노예제를 채택하지 않은 다른 나라에 비해 위선적임을 밝혀 미국이라는 나라가 7월 4일에 기념하는 가치가 무엇인지를 물었다. 패트릭 헨리가 그렇게 죽음과 맞바꾸려 했던 자유가 함께 같은 땅 위에 살아가고 있는 모든 이들의 것은 아님을 꼬집은 것이다. 이는 흑인뿐 아니라 당시 '시민'으로서의 지위를 인정받지 못하고 있던 여성들에게도 적용되는 것으로 본 연설의 무대가 여성단체의 주도로 마련된 배경도 이러한 맥락에서이다.

더글러스가 맹렬히 비판한 미국의 노예제는 단순히 민주주의의 가치와 모순됨의 수준을 넘어서 인류 역사상 가장 처참한 수준의 인간성 파괴를 제도적으로 보호한 것이었다. 인간이 상상할 수 있는 온갖 종류의 폭력을 가해짐은 물론 죽고 싶어도 죽지 못하게 하였고, 개체 수를 늘리기 위해 강제 교미도 시켰다. 몇몇 사례들을 보면 동물도 그렇게 다루지 않을 것이라는 생각이 들 정도다. 그리고 이 모든 것이 제도적으로 정당성이 부여되어 보호받고 있었다. 이 모든 걸 고려할 때 '역겨운 야만성과 파렴치한 위선에 있어 미국을 따라올 국가는 없다'라는 더글러스의 주장은 전혀 과언이 아니다.

더글러스를 비롯해 여성단체들과 노예해방운동가들의 노력으로 북부의 노예해방 여론은 더욱 힘을 얻어갔다. 이는 '노동을 자유롭게, 토지를 자유롭게, 사람을 자유롭게Free labor, free land, free men'을 내건 공화당의 탄생과 북부와 에이브러햄 링컨Abraham Lincoln의 등장, 남부의 연방 탈퇴 선언으로 이어지며 미국 남북전쟁1861~1865년이 발발하게 되었다. 인구의 3%에 해당하는 103만 명의 사상자를 낸 참혹한 전쟁은 연방이 승리했고, 미합중국은 노예제를 철폐하는 내용의 수정헌법 제13조, 노예였던 흑인들에게 시민권을 인정한다는 내용의 수정헌법 제14조, "인종, 피부색, 노예 이력race, color, or previous condition of servitude"에 근거하여 참정권을 제한할 수 없다는 내용의 수정헌법 제15조를 통과시켰다.

수정헌법 제15조의 지지 여부를 놓고 더글러스와 노예 해방 진영은 또 다른 분열로 맞이했다. '인종, 피부색, 노예 이력'에 '여성'이 포함되지 않았기 때문이다. 더글러스와 함께 연대했던 여성 참정권 운동가 엘리자베스 캐디 스탠턴Elizabeth Cady Stanton은 수정헌법 제15조가 여성의 참정권을 포함하고 있지 않음으로 제정에 반대해야 한다고 주장했고, 더글러스는 원칙에는 동의하지만, 수정헌법 제15조마저 통과시키지 못한다면 결국 아무 것도 얻어내지 못할까 두려워했다. 더글러스는 수정헌법의 통과로 유색인종 남성들이 참정권을 얻고, 유색인종 여성들이 백인 여성들과 같은 지위를 누리게 되면 점진적으로 여성해방을 이끌어낼 수 있을 것이라 믿었다고 한다. 그랬기에 연대가 깨진 후에도 자신이 여성들을 위한 행동에 단 한 번도 반한 적이 없었다는 것을 알아달라며 아쉬움을 토로했다.

더글러스는 평생을 연대에 바쳤다고 해도 과언이 아니다. 그러면서도 두 차례 큰 분열의 중심에 선 당사자이기도 하다. 궁극적으로 달성하고자 하는 목표가 같다고 하더라고 그것을 달성하는 방식에 대해서는 언제나 이견이 존재한다. 그 목표가 크면 클수록, 참여하는 이들의 이해관계가 다양할수록, 분열의 가능성은 커질 수밖에 없다. '뭉치면 살고 흩어지면 죽는다', '진보는 분열로 망한다'라는 말들도 있지만, 분열을 통해 각자의 진영이 경쟁하며 성장하기도 하고, 새로운 생각의 탄생으로 이어지기도 한다는 점에서 반드시 나쁘다고 할 수는 없다. 어쩌면 생명체의 세포가 분열하며 성장하듯 자연스럽고 건강한 현상일 수 있다. 물론, 같은 목표의 달성을 위해서 언제든 다시 연대할 수 있다는 전제하에 말이다.

더글러스는 명분과 실리의 갈등 상황에서 실리를 택하며 결과를 도출하는 리더십을 발휘했다. 그는 진영에 분열을 초래하더라도 현실과 타협할 줄 알았고, 목표 달성을 위해서는 '악마'와도 손잡을 줄 알았다. 노예제는 자본과 권력의 이해관계에 의해 발생했지만, 그것을 철폐하는 것 또한 자본과 권력의 힘을 빌어야 했다. 그는 노예해방의 아버지라 불리는 링컨의 추도식에서도 그를 '백인 대통령'이라고 부를 정도로 그의 개혁이 지나치게 온건하다고 여겼지만, 작은 성공이라도 얻어야 했기에 자신의 신념을 어느 정도 포기할 수밖에 없었다. 그 과정에서 '비겁하다', '배신자' 등등의 비난도 들어야 했지만, 그는 비난을 듣더라도 성과를 얻어내는 데 집중했다. 이는 현명할 뿐 아니라 엄청난 용기가 필요한 행위다. '불가능한 꿈을 꾸고 현실을 직시하라'라는 쿠바의 혁명가 체 게바라Che Guevara가 말한 것을 더글러스는 자신의 삶 속에서 실현한 것이다.

더글러스는 1895년 2월 20일 워싱턴 D.C.에서 열린 국가 여성위원회National Council of Women에서 주최한 행사 연단에 올라 연설을 하기 직전 심장마비로 사망하기 전까지 인권신장을 설파하고 다녔다. 자신이 꿈꿨던 만인이 평등한 세상은 끝내 보지 못한 채 눈을 감았지만, 그의 유산은 지금까지도 이어져 오고 있다. 더글러스가 못다 이룬 이상은 훗날 마틴 루터 킹Martin Luther King Jr. 목사의 꿈이 되고, 흑인 최초의 미국 대통령 버락 오바마Barack Obama의 탄생으로 이어졌다. 그뿐만 아니라, 그가 주도한 노예해방운동은 흑인 인권운동뿐 아니라 민권운동의 씨앗이 되었다.

제도적으로 더 많은 사람을 '인간'의 범주에 포함시켜 동등한 권리와 자유를 누리도록 하는 것. 더글러스가 꾸짖은 위선을 인류는 아직도 바로잡아가는 과정에 있다. 노예제는 철폐되었고, 더 많은 이들이 자유를 누리는 세상이 되었지만 그렇다고 누구나 동등한 권리를 누리며 살아가는 공정한 사회가 되었냐는 질문에 대해 '그렇다'라고 이야기할 수 있는 사람은 많지 않을 것이다. 프레드릭 더글러스가 사망하고 100년이 훌쩍 넘었지만, 아직도 많은 이들이 피부색, 종교, 성별, 성적 지향 등을 이유로 차별받고 있는 것이 현실이다.

공정성을 요구하며 사회의 위선을 지적하는 목소리가 점점 커지고 있다. '내로남불'이라는 단어의 사용도 점점 빈번해지고 있다. 어떤 문제 인식을 공유하고 소통하는 것이 어느 때보다 활발하게 진행될 수 있게 되었다는 것은 어찌 보면 매우 고무적인 일일 것이다. 하지만, 단순히 위선을 꼬집는 것에 그쳐서는 안 된다. 더글러스가 그러했듯, 연대와 타협의 리더십이 필요하다. 하지만 많은 이들이 그 자리를 혐오로 채우려는 것은 아닌지 우려스럽다.

혐오는 편리하다. 하지만, 파괴적이기만 할 뿐 그 어떤 긍정의 효과도 안겨주지 못한다. 공감과 연대는 몹시 어려운 일이지만 문제를 해결해내는 데 매우 효과적이다. 사회의 공정성을 요구하는 집단들이 각자가 경험하는 불공정에 대한 목소리를 높이면서 서로를 혐오하느라 에너지를 낭비하는 것을 종종 목격한다. 나아가 이런 혐오 정서를 이용해 이득을 취하는 이들도 많이 존재한다. 이들은 자신들이 더글러스와 같이 위선을 꾸짖고 투쟁을 한다고 주장할 것이다. 그리고 이들 중 더 악질은 자신만이 그런 투쟁에서 승리를 안겨줄 수 있다고 주장한다.

속으면 안 된다.

더글러스와 같이 위선을 꾸짖으며 앞장서는 이를 마주하게 되거든 그가 더글러스와 같은 길을 걷고 있는지를 살펴볼 수 있었으면 좋겠다.

THE HYPOCRACY OF AMERICAN SLAVERY

연설

시민 동지 여러분. 죄송하지만 한 말씀 여쭙겠습니다. 제가 오늘 이 자리에 왜 와있는 겁니까? 저 혹은 제가 대표하는 이흑인들이 당신들의 국가 독립과 무슨 상관이 있을까요? 독립선언서에 담긴 정치적 자유와 천부적 정의가 우리에게도 적용이 됩니까? 그래서 제가 우리의 미천한 헌물을 국가의 바치고, 당신들의 독립이 우리에게 가져다주는 유익함과 축복에 대해 경건한 감사를 표현해야 합니까?

Fellow citizens, pardon me, and allow me to ask, why am I called upon to speak here today? What have I or those I represent to do with your national independence? Are the great principles of political freedom and of natural justice, embodied in that Declaration of Independence, extended to us? And am I, therefore, called upon to bring our humble offering to the national altar, and to confess the benefits, and express devout gratitude for the blessings resulting from your independence to us?

여러분과 우리 모두의 하나님으로부터 이 질문에 대한 긍정적 응답이 진실로 내려온다면. 그렇다면 제 과업은 가벼워지고, 제가 짊어진 짐은 간편하고 유쾌해질 것입니다. 국가의 따뜻한 동정이 녹일 수 없을 정도로 차가운 사람이 어디 있겠습니까? 이토록 귀중한 축복을 감사히 받아들이지 않을 정도로 뻣뻣하고 무정한 사람이 어디 있습니까? 자신을 옥죄던 노예의 족쇄가 풀렸을 때, 국가적 축제에 할렐루야 목소리를 더하지 않을 정도로 어리석고 이기적인 사람이 어디 있겠습니까? 저는 그런 사람이 아닙니다. 만약 그러하다면 벙어리가 말을 유창하게 하고, "절름발이가 수사슴처럼 도약할 것"입니다.[1]

Would to God, both for your sakes and ours, that

---

1) 성경 이사야 35장 6절 인용

an affirmative answer could be truthfully returned to these questions. Then would my task be light, and my burden easy and delightful. For who is there so cold that a nation's sympathy could not warm him? Who so obdurate and dead to the claims of gratitude, that would not thankfully acknowledge such priceless benefits? Who so stolid and selfish that would not give his voice to swell the hallelujahs of a nation's jubilee, when the chains of servitude had been torn from his limbs? I am not that man. In a case like that, the dumb might eloquently speak, and the "lame man leap as an hart."

하지만 현 상황은 그렇지 않습니다. 우리 사이에는 안타깝게도 간극이 존재합니다. 저는 이 영광스러운 기념일을 함께 즐기지 못합니다! 여러분들의 고귀한 독립은 우리 사이의 헤아릴 수 없는 거리를 드러낼 뿐입니다. 여러분들이 오늘 기뻐하는 축복은 모두가 느릴 수 있는 것이 아닙니다. 여러분들의 선대로부터 물려받은 정의, 자유, 번역, 독립의 찬란한 유산은 여러분들의 것이지 제 것은 아닙니다. 여러분들에게 생명과 회복을 안겨준 햇빛은 저에게는 계급과 죽음을 안겨주었습니다. 이 7월 4일은 여러분들의 것이지 제 것은 아닙니다. 여러분들은 기뻐하겠지만, 저는 슬퍼해야 합니다. 족쇄가 채워진 사람을 자유의 조명이 비추는 웅장한 사원에 끌고 와 여러분들의 즐거운 찬송가를 함께 부르라고 하는 것은 비인간적인 조롱이고, 신성모독의 아이러니입니다. 시민 여러분들은 제게 오늘 연설을 부탁하는 것으로 저를 조롱하려 하셨습니까? 만약 그렇다면 여러분들의 행동과 아주 유사한 사례가 있습니다. 그리고 이 유사한 사례는 천국을 향해 높이 탑을 쌓아 올리다가 전능하신 하나님에 의해 단숨에 무너져 다시는 회복할 수 없게 된 한 국가가 저지른 죄입니다. 저는 이를 반복하는 작금의 위험을 경고합니다. 저는 오늘 가슴이 찢기고 슬픔에 빠진 이들의 구슬픈 애가를 바칩니다.

But such is not the state of the case. I say it with a sad sense of disparity between us. I am not included within the pale of this glorious anniversary! Your high independence only reveals the immeasurable distance between us. The blessings in which you this day rejoice are not enjoyed in common. The rich inheritance of justice, liberty, prosperity, and independence bequeathed by your fathers is shared by you, not by me. The sunlight that brought life and healing to you has brought stripes and death to me. This Fourth of July is yours, not mine. You may rejoice, I must mourn. To drag a man in fetters into the grand illuminated temple of liberty, and call upon him to join you in joyous anthems, were inhuman mockery and sacrilegious irony. Do you mean, citizens, to mock me, by asking me to speak today? If so, there is a parallel to your conduct. And let me warn you, that it is dangerous to copy the example of a nation Babylon whose crimes, towering up to heaven, were thrown down by the breath of the Almighty, burying that nation in irrecoverable ruin. I can today take up the plaintive lament of a peeled and woe-smitten people.

"바빌론 강기슭에 앉아 시온을 생각하며 눈물 흘렸도다. 그 언덕 버드나무 가지 위에 우리의 수금을 걸어 두었노라. 우리를 잡아간 그 사람들이 그곳에서 노래하라 청하고, 우리를 괴롭히던 그 사람들이 흥을 돋우라 요구하면서 시온의 노래를 한가락 부르게 하였다. 우리 어찌 주님의 노래를 남의 나라 땅에서 부르겠느냐. 예루살렘아,

내가 너를 잊는다면 내 오른손의 쓰임도 잊히게 하여라. 내가 너를 기억하지 못한다면 내 혀가 입천장에 달라붙게 하여라."[2]

"By the rivers of Babylon, there we sat down. Yea! We wept when we remembered Zion. We hanged our harps upon the willows in the midst thereof. For there, they that carried us away captive, required of us a song and they who wasted us required of us mirth, saying, Sing us one of the songs of Zion. How can we sing the Lord's song in a strange land? If I forget thee, O Jerusalem, let my right hand forget her cunning. If do not remember thee, let my tongue cleave to the roof of my mouth."

시민 여러분, 여러분들의 떠들썩한 국가적 즐거움보다 저는 어제의 무겁고 고통스러운 족쇄 때문에 오늘 자신들에게 들리는 승리의 외침이 더욱 견디기 힘들 수백만의 슬픈 통곡이 들립니다. 제가 그들을 잊는다면, 오늘날 피 흘리며 고통받는 어린이들을 기억하지 못하고 잊어버

---

2) 성경 시편 137편 인용

린다면 "저의 오른손이 그 쓰임을 잃고, 제 혀가 입천장에 달라붙을 것입니다!"

Fellow citizens, above your national, tumultuous joy, I hear the mournful wail of millions, whose chains, heavy and grievous yesterday, are today rendered more intolerable by the jubilant shouts that reach them. If I do forget, if I do not remember those bleeding children of sorrow this day, "may my right hand forget her cunning, and may my tongue cleave to the roof of my mouth!"

그들을 잊어버리고, 그들이 겪는 부정함을 가벼이 여기며 축제의 가락에 동조한다면 그것은 그 무엇보다도 가증스럽고 충격적인 반역행위이고 하나님과 세상 앞에 저는 비난받을 것입니다.

To forget them, to pass lightly over their wrongs and to chime in with the popular theme would be treason most scandalous and shocking, and would make me a reproach before God and the world.

시민 여러분, 제가 오늘 말하고자 하는 주제는 "미국 노예제"입니다. 저는 이날과 이날에 대한 대중적 대중의 인식을 노예의 관점에서 바라보겠습니다. 노예의 처지에서 저는 7월 4일만큼이나 이 나라의 성격과 행위를 암울하게 하는 것은 없다고 제 영혼을 걸고 주저함 없이 말씀드릴 수 있습니다.

My subject, then, fellow citizens, is "American Slavery." I shall see this day and its popular characteristics from the slave's point of view. Standing here, identified with the American bondman, making his wrongs mine, I do not hesitate to declare, with all my soul, that the character and conduct of this nation never looked blacker to me than on this Fourth of July.

우리가 과거의 선언이나 오늘날의 공언에 기댄다고 하더라도 이 나라의 행위는 마찬가지로 흉측하고 역겹습니다. 미국의 과거에도 거짓되었고, 현재에도 거짓되었으며, 침통하게도 미래를 거짓에 묶었습니다.

Whether we turn to the declarations of the past, or to

프레드릭 더글러스

the professions of the present, the conduct of the nation seems equally hideous and revolting. America is false to the past, false to the present, and solemnly binds herself to be false to the future.

하나님과 으스러지고 피 흘리는 노예들과 함께 이 행사에 서서, 저는 격분한 인류의 이름으로, 족쇄가 채워진 자유의 이름으로, 무시당하고 짓밟혀진 헌법과 성경의 이름으로 제가 강조하기 위해 동원할 수 있는 모든 것을 통해 미국의 큰 죄이자 수치인 노예제를 영속시키는데 이바지하는 모든 것에 대하여 문제를 제기하고 비난할 것입니다! "저는 얼버무리지 않을 것입니다. ― 저는 용서하지 않을 것입니다." 제가 사용할 수 있는 가장 혹독한 언어를 사용할 것이고, 편견에 눈멀거나 노예 소유주의 마음을 갖지 않은 자가 옳고 공정하다고 인정할 수 있는 단어들은 그 무엇도 사용하지 않을 것입니다.

Standing with God and the crushed and bleeding slave on this occasion, I will, in the name of humanity, which is outraged, in the name of liberty, which is fettered, in the name of the Constitution and the Bible, which are disregarded and trampled upon, dare to call in question and to denounce, with all the emphasis I can command, everything that serves to perpetuate slavery -- the great sin and shame of America! "I will not equivocate - I will not excuse." I will use the severest language I can command, and yet not one word shall escape me that any man, whose judgment is not blinded by prejudice, or who is not at heart a slave-holder, shall not confess to be right and just.

일부 청중들은 작금의 환경이 이렇다 보니 여러분과 여러분의 형제 노예제 폐지론자들이 대중의 마음에 호의적인 인상을 남기는 데 실패하고 있다고 말합니다. 토론을 더 많이 하고 비난을 적게 하거나, 설득을 더 많이 하고 힐책을 덜 한다면 목적 달성이 더 쉬워질 것이라는 말입니다. 하지만, 하지만 저는 모든 것이 명백할 때, 논쟁이 설 자리가 없다고 말씀드립니다. 반노예제 신념의 어떤 부분을 제가 논쟁하길 원하십니까? 이 나라의 국민들은 노예제의 어떤 부분에 대해 일깨움이 필요한가요? 제가 노예도 사람이라는 사실을 입증이라도 해야 합니까? 이 부분은 이미 인정되었습니다. 그 누구도 의심하지 않지요. 노예 소유주들마저도 그들 정부의 법을 통해 이를 인정하고 있습니다. 그들은 노예들의 불복종을 벌할 때도 이를 인지합니다. 버지니아 주에서는 흑인이_{그의 무지함의 정도와 관계없이} 사형에 처해질 수 있는 범죄가 72가지가 있습니다. 이중 백인이 같은 처벌을 받는 범죄는 두 가지밖에 없습니다.

But I fancy I hear some of my audience say it is just in this circumstance that you and your brother Abolitionists fail to make a favorable impression on the public mind. Would you argue more and denounce less, would you persuade more and rebuke less, your cause would be much more likely to succeed. But, I submit, where all is plain there is nothing to be argued. What point in the anti-slavery creed would you have me argue? On what branch of the subject do the people of this country need light? Must I undertake to prove that the slave is a man? That point is conceded already. Nobody doubts it. The slave-holders themselves acknowledge it in the enactment of laws for their government. They acknowledge it when they punish disobedience on the part of the slave. There are seventy-two crimes in the State of Virginia, which, if committed by a black man no matter how ignorant he be, subject him to the punishment of death while only two of these same crimes will subject a white man to like punishment.

이것이 노예에게 도덕성, 지능, 책임성이 존재한다는 것을 인정하는 것이 아니고 무엇입니까? 노예의 인간성은 인정되고 있습니다. 이는 남부의 주들이 법전에 노예에게 글을 읽고 쓰는 것을 가르치는 것이 과중한 벌금과 처벌의 대상이 되는 금지행위라는 사실로서 인정되고 있습니다. 그러한 법이 야생의 짐승들에게도 적용되는 예를 하나라도 제시할 수 있다면 노예의 인간성에 대하여 논쟁할 것에 동의하겠습니다. 거의 개들과 하늘의 새들, 언덕의 가축들, 바다의 물고기들, 기어 다니는 파충류들이 노예와 짐승의 구분을 불가능하게 할 때, 그때에서야 저는 노예가 사람이라고 여러분과 논쟁할 것입니다!

What is this but the acknowledgment that the slave is a moral, intellectual, and responsible being? The manhood of the slave is conceded. It is admitted in the fact that

Southern statute books are covered with enactments, forbidding, under severe fines and penalties, the teaching of the slave to read and write. When you can point to any such laws in reference to the beasts of the field, then I may consent to argue the manhood of the slave. When the dogs in your streets, when the fowls of the air, when the cattle on your hills, when the fish of the sea, and the reptiles that crawl, shall be unable to distinguish the slave from a brute, then I will argue with you that the slave is a man!

하지만 현재 흑인들이 인간과 동등한 인간성을 갖고 있다고 충분히 단언할 수 있습니다. 우리는 모든 종류의 기계적 도구를 이용하여 밭을 갈고, 작물을 심고, 수확하고, 놋쇠, 철, 구리, 은, 그리고 금을 이용하여 집을 세우고, 다리를 놓고, 선박을 건조하고, 읽고, 쓰고, 계산하고, 점원, 상인, 그리고 비서로 일하며 우리 사이에 변호사, 의사, 목사, 시인, 작가, 편집자, 연설가, 그리고 선생님의 역할을 수행하고 있습니다. 우리는 다른 보통 사람들이 하는 모든 사업에 똑같이 참여하고 있습니다 – 캘리포니아에서 금을 캐고, 태평양에서 고래를 잡고, 구릉에서 양과 소에게 여물을 주고, 살아가고, 움직이고, 행동하고, 생각하고, 계획하고, 가족의 남편, 아내, 자녀, 그리고 이상의 모든 것으로 살아가고, 기독교 하나님에게 신앙을 고백하고 찬양하며 사후의 영원한 삶이 있음을 희망합니다 - 그런데도 우리가 사람임을 증명하라 요구합니까?

For the present it is enough to affirm the equal manhood of the Negro race. Is it not astonishing that, while we are plowing, planting, and reaping, using all kinds of mechanical tools, erecting houses, constructing bridges, building ships, working in metals of brass, iron, copper, silver, and gold that while we are reading, writing, and ciphering, acting as clerks, merchants, and secretaries, having among us lawyers, doctors, ministers, poets, authors, editors, orators, and teachers that we are engaged in all the enterprises common to other men -- digging gold in California, capturing the whale in the Pacific, feeding sheep and cattle on the hillside, living, moving, acting, thinking, planning, living in families as husbands, wives, and children, and above all, confessing and worshipping the Christian God, and looking hopefully for life and immortality beyond the grave -- we are called upon to prove that we are men?

여러분들은 제가 이런 사람이 자유를 누릴 자격이 있는지 논쟁하길 바라십니까? 그가 마땅히 자신의 주인이라는 것을 논쟁해야 합니까? 여러분들이 이를 이미 선언했습니다. 제가 노예제의 부정함을 논쟁해야겠습니까? 그것이 공화 국민이 할 질문입니까? 이것이 미심쩍은 정의의 원칙을 논리와 논증을 적용해 해결해야 할 만큼 지나치게 복잡하고 이해하기 힘든가요? 의견 차이로 분열하고 또 분열하는 미국인들 앞에 인간은 누구나 자유로울 권리를 누린다는 것을 어떻게 상대적이고 긍정적으로, 부정적이고 확정적으로 이야기할 수 있겠습니까? 이는 저자신을 우습게 만들 뿐 아니라 여러분의 이해력을 모욕하는 것입니다. 하늘 아래 노예제가 잘못되었다는 것을 모르는 이는 아무도 없습니다.

Would you have me argue that man is entitled to liberty? That he is the rightful owner of his own body? You have already declared it. Must I argue the wrongfulness of slavery? Is that a question for republicans? Is it to be settled by the rules of logic and argumentation, as a matter beset with great difficulty, involving a doubtful application of the principle of justice, hard to understand? How should I look today in the presence of Americans, dividing and subdividing a discourse, to show that men have a natural right to freedom, speaking of it relatively and positively, negatively and affirmatively? To do so would be to make myself ridiculous, and to offer an insult to your understanding. There is not a man beneath the canopy of heaven who does not know that slavery is wrong for him.

뭐라고요! 제가 사람을 짐승으로 만드는 것, 그들의 자유를 빼앗는 것, 임금 없이 노동케 하는 것, 다른 사람들과의 관계에 대하여 무지하도록 하는 것, 나무로 때리는 것, 채찍으로 그들의 살을 벗겨내고, 그들의 갈비뼈에 철을 지우고, 개를 풀어 그들을 사냥하고, 경매에서 그들을 팔고, 그들의 가족을 갈라놓고, 그들의 이빨을 부러뜨리고, 그들의 살을 태우고, 그들이 주인에 대하여 복종하고 굴복할 때까지 굶기는 것이 잘못되었다고 논증해야 합니

65
프레드릭 더글러스

까? 피와 오염으로 얼룩진 체계가 잘못되었다고 논쟁을 해야겠습니까? 아닙니다. – 저는 하지 않을 것입니다. 저는 그러한 논쟁에 쏟을 시간과 여력이 아까운 사람입니다.

What! Am I to argue that it is wrong to make men brutes, to rob them of their liberty, to work them without wages, to keep them ignorant of their relations to their fellow men, to beat them with sticks, to flay their flesh with the lash, to load their limbs with irons, to hunt them with dogs, to sell them at auction, to sunder their families, to knock out their teeth, to burn their flesh, to starve them into obedience and submission to their masters? Must I argue that a system thus marked with blood and stained with pollution is wrong? No – I will not. I have better employment for my time and strength than such arguments would imply.

그렇다면 논쟁이 대상이 될만한 건 뭐가 남아 있을까요? 노예제가 성스럽지 않다는 것일까요? 하나님이 이를 설립하지 않았고, 우리의 신학박사들이 실수했다는 것일까요? 이러한 생각을 한다는 것 자체가 신성모독입니다. 이런 문제를 누가 논쟁할 수 있겠습니까? 누군가는 할 수 있을지 몰라도 저는 못 하겠네요. 그런 논쟁을 할 시기는 이미 지났습니다.

What, then, remains to be argued? Is it that slavery is not divine that God did not establish it that our doctors of divinity are mistaken? There is blasphemy in the thought. That which is inhuman cannot be divine. Who can reason on such a proposition? They that can, may – I cannot. The time for such argument is past.

이런 시기에는 설득력 있는 논증이 아닌 맹렬한 역설이 필요합니다. 아! 제 목소리가 국가의 귀에 들리게 할 수만 있다면, 맹렬한 조롱을, 폭발적 비난과 심각한 힐책을, 기를 죽일 만큼의 빈정댐을 쏟아부을 것입니다. 이를 위해서는 빛이 아닌 불이, 가벼운 소나기가 아닌 천둥과 번개가 필요합니다. 우리는 폭풍, 회오리, 지진이 필요합니다. 국가적 감정이 고조되어야 합니다. 국가의 양심이 바로 서야 합니다. 국가의 도덕성이 충격에 빠져야 합니다. 국가의 위선이 드러나야 합니다. 그리고 신과 인간에 대한 범죄가 비난받아야 합니다.

At a time like this, scorching irony, not convincing argument, is needed. Oh! had I the ability, and could I reach the nation's ear, I would today pour out a fiery stream of biting ridicule, blasting reproach, withering sarcasm, and stern rebuke. For it is not light that is needed, but fire it is not the gentle shower, but thunder. We need the storm, the whirlwind, and the earthquake. The feeling of the nation must be quickened the conscience of the nation must be roused the propriety of the nation must be startled the hypocrisy of the nation must be exposed and its crimes against God and man must be denounced.

미국 노예들에게 여러분들의 7월 4일은 어떤 의미입니까? 제가 답하건대, 그 어떤 날보다도 자신이 철저한 부정함과 잔혹함에 변함없이 희생되고 있다는 사실을 깨닫게 해주는 날입니다. 그에게 여러분의 축제는 가식입니다. 여러분의 자유는 불경스러운 허영입니다. 여러분의 기뻐하는 소리는 공허하고 비정합니다. 자유와 평등에 대한 여러분들의 외침은 속 빈 조롱입니다. 추수감사절에 바치는 여러분의 기도, 종교적 축제, 찬송가, 설교는 그에게 있어 겉만 번드르르한 사기, 속임수, 불경, 그리고 위선입니다. – 야만인들의 국가나 저지를 수치스러운 범죄를 덮을 얄팍한 포장입니다. 지금 이 시각 지구상에 미국만큼 충격적이고 피비린내 나는 범죄행위가 자행되는 국가는 없습니다. 어디든 가보십시오. 군주정과 폭정이 지배하는 구세계의 모든 국가를 찾아보거나 남아메리카를 여행하며 그곳에서 자행되는 모든 가혹행위를 찾아보세요. 그리고 그것들을 다 찾아서 이 나라에서 매일 자행되는 행위들과 나란히 열거했을 때 여러분들은 저와 함께 역겨운 야만성과 파렴치한 위선에 있어 미국을 따라올 국가는 없다고 입을 모으게 될 것입니다.

What to the American slave is your Fourth of July? I answer, a day that reveals to him more than all other days of the year, the gross injustice and cruelty to which he is the constant victim. To him your celebration is a sham your boasted liberty an unholy license your national greatness, swelling vanity your sounds of rejoicing are empty and heartless your shouts of liberty and equality, hollow mock your prayers and hymns, your sermons and thanksgivings, with all your religious parade and solemnity, are to him mere bombast, fraud, deception, impiety, and hypocrisy – a thin veil to cover up crimes which would disgrace a nation of savages. There is not a nation of the earth guilty of practices more shocking and bloody than are the people of these United States at this very hour.

Go search where you will, roam through all the monarchies and despotisms of the Old World, travel through South America, search out every abuse and when you have found the last, lay your facts by the side of the everyday practices of this nation, and you will say with me that, for revolting barbarity and shameless hypocrisy, America reigns without a rival.

CHAPTER **3**

⸺◦❈◦⸺

여성은
사람입니까?

⸺◦❈◦⸺

수전 B. 앤써니
Susan B. Anthony
1820. 2. 15. ~ 1906. 3. 13.

여성은 사람입니까?

#여성 #사람 #참정권

1873년 미국 뉴욕지역 연방법원, 한 여자에 대한 3차 공판이 열리고 있었다. 이미 전 공판에서 유죄 선고가 확정되었고, 그간 피고에게 어떠한 발언권도 주어지지 않았던 터라 판사는 피고 여성에게 마지막으로 할 말은 없냐고 묻는다. 덤덤한 표정으로 일어선 여자는 연설을 시작한다. 점점 힘을 더해가는 연설에 당황한 판사는 여러 차례 제지하지만, 여자는 끝까지 연설을 이어나가며 청중들에게 물었다. "여성은 사람입니까?"

수전 B. 앤써니

수전 B. 앤써니. 한국에서는 잘 알려지지 않았지만, 평소 미국사나 여성 인권에 관심이 있는 독자라면 한 번쯤 들어봤을 이름이다. 미국뿐 아니라 국제 여성 인권과 참정권에 있어 큰 획을 그은 인물이고 여성 운동계의 대모大母라 할 수 있는 사람이기 때문이다. 이번에 살펴볼 연설은 그녀가 법정에서 최후진술로 발표한 것으로 타임지에서 뽑은 역대 10대 연설로 뽑힐 정도로 역사적 중요성이 있는 연설이다.

1820년 2월 15일 7남매의 둘째로 태어난 그는 인권 문제에 있어 급진적인 성향을 띠던 퀘이커교도 아버지의 영향을 많이 받았다. 그녀의 집안에서 운영하는 뉴욕 로체스터의 농장에서는 인권 운동가들의 모임이 종종 열렸는데, 앤써니는 평생 친구가 되는 프레드릭 더글러스도 이곳에서 만났다. 아버지가 보험업에 종사하게 되면서 농장의 운영을 맡게 된 앤써니는 모임을 주관하며 어린 나이에 본격적으로 활동가로서의 면모를 갖추게 되었다.

노예해방 전선과 여성운동 진영의 연대 활동에 합류한 앤써니는 17세가 되던 해에 노예해방을 촉구하는 서명을 모았고, 1856년 미국 반反 노예사회American Anti-Slavery

Society의 뉴욕 대표에 임명될 정도로 노예제 폐지에 앞장 섰다. 앞서 프레드릭 더글러스의 연설 부분에서도 살펴보 았듯이 당시 노예해방 진영과 여성 참정권 진영은 공민권 公民權 확대라는 목표 아래 공동전선을 구축하고 연대했 다. 이들의 연대는 북부의 노예해방 여론을 고조시켰고, 공화당의 집권, 링컨의 노예해방 선언, 남부의 연방 탈퇴 선언, 남북전쟁 등으로 이어졌다. 하지만, 앤써니와 여성 운동 진영의 노력에도 불구하고 남북전쟁 이후 제정된 수 정헌법에서 여성은 인종을 불문하고 '시민'으로 인정받지 못하였고, 이에 따라 여성운동 진영은 투쟁노선을 변경하 게 되었다.

앤써니가 이끄는 여성참정권협회National Woman Suffrage Association는 1871년 대법원판결을 통해 여성의 참정권 제 한이 위헌이라는 판단을 얻어내는 전략을 총회에서 의결 했다. 수정헌법 제14조 제1항에 시민으로서 권리를 취득 하는 대상으로 명기된 '모든 사람all persons'에 여성이 포 함되는지를 따지게 하여 여성 참정권의 헌법적 근거를 확 보하고자 한 것이다. 이러한 전략에 따라 앤써니는 1872 년 뉴욕주 로체스터의 대통령 선거 투표장에 50여 명의 여성을 이끌고 투표를 시도했는데, 이 중 앤써니를 포함한 15명이 투표에 성공했다. 1872년 11월 18일, 앤써니는 불법적으로 투표권을 행사한 혐의로 체포되었고, 이 사실이 알려지면서 미국 사회는 술렁였다.

함께 투표한 혐의를 받은 14명과 함께 재판이 열릴 때까지 석방된 앤써니는 재판이 열리기 전까지 재판이 열릴 뉴욕주 먼로 카운티의 29개 마을을 돌며 연설을 통해 자신의 정당성을 주장하였다. "미국 시민이 투표를 하는 것이 범죄입니까?"라고 질문을 던진 그녀는 수정헌법 제14조가 모든 사람에게 시민의 권리를 명기하고 있음으로 여성들이 더는 의회에 여성의 참정권을 보장하는 법을 통과시켜 달라고 청원할 것 없이, 오래도록 묵살당해온 시민으로서의 권리를 바로 행사하면 된다고 주장했다. 그녀의 이러한 주장은 로체스터 일간지에 실렸고, 지역에 큰 반향을 일으켰다.

앤써니의 연설이 배심원 판결에 영향을 미칠까 우려한 지방검찰은 사건을 주 법원이 아닌 연방법원으로 옮겼고, 재판은 먼로 카운티 옆에 위치한 온타리오 카운티에서 열리게 되었다. 이에 앤써니는 온타리오의 모든 마을을 돌며 연설을 이어나가며 맞섰다. 재판 전까지 발표한 연설이 50

여 차례가 되었다고 하니 엄청난 열정이 아닐 수 없다.

당시 연방 재판은 보통법에 따라 피고인에 대한 증언을 못 하도록 하였는데, 제2차 공판에서는 양측 변호인들이 변론하고, 판사가 의견을 개진하는 형식을 취했다. 판사가 배심원들에게 앤써니에 대해 유죄판결을 하라는 지시를 내리기도 했는데 이는 당시에도 충분히 논란이 될 만큼 직권을 남용한 행위였다. 그리고 마지막 3차 공판에서 판사는 앤써니에게 마지막으로 하고 싶은 말을 하라고 지시를 내렸고 앤써니는 본 챕터의 명연설로 답했다. 당황한 판사가 제지하였지만, 그는 꿋꿋이 연설을 이어나갔고, 연설을 마친 후에도 여성이 참여하지 않는 배심원단이 무슨 정당성을 가지냐며 따져 물었다. 결국 앤써니는 불법적인 투표권 행사 혐의로 유죄를 인정받아 벌금 $100을 부과받았는데, 그녀는 평생 이 돈을 내지 않았다. 어차피 항소를 통해 대법원으로 사건을 옮기는 것이 목표였기에 오히려 이러한 처벌이 달가웠을 것이다.

하지만, 야심 차게 준비한 앤써니의 법정투쟁은 결국 실패로 돌아갔다. 1875년 유사한 사례인 Minor v. Happersett에서 연방대법원이 여성을 시민으로 인정하더라도 모든 시민이 투표권을 갖는 것은 아니라고 판결한 것이다. 앤써니는 전략을 수정하여 개헌을 통한 참정권 확보에 나섰다. 1878년 1월, 앤써니는 열차에서 우연히 만나 친구가 된 캘리포니아 공화당 상원의원 애론 사젠트 Aaron A. Sargent에게 의뢰해 여성의 참정권을 보장하는 수정헌법안을 제출하였다. 이 안은 최초 발의되었을 때는 부결되었고, 42년이 지난 1920년이 되어서야 수정헌법 제19조라는 이름으로 통과되었다. 애석하게도 정작 앤써니는 1906년 3월 13일 84세의 나이에 심부전과 폐렴으로 사망했기 때문에 수정헌법의 통과를 보지는 못했지만, 미국인들은 그녀를 기리는 의미에서 수정헌법 제19조를 앤써니 수정헌법 Anthony Amendment라 부른다.

수정헌법 제15조를 통해 흑인 남성의 참정권이 보장되었다고 해서 그들에게 평등한 지위가 부여된 것이 아니듯, 수정헌법 제19조의 통과가 여성의 지위를 남성의 그것과 동등하게 만들어주지는 않았다. 참정권의 보장은 사회진출을 보장하지 않았고, 사회진출이 허용된다고 하더라도 넘지 못할 유리천장이 늘 존재했다.

그럼에도 불구하고 수많은 시간과 희생을 통해 미국

사회는 부족하고 더디지만, 인간성을 파괴해온 과두정의 벽을 허물며 문명을 발전시켜나가고 있다. 그리고 앤써니가 사망한 지 100년째가 되는 2016년 미국 대선에는 힐러리 클린턴Hillary Clinton이 민주당 대선후보로 확정되며 미국 첫 여성 대통령이 탄생하기 직전까지 갔다.

하지만 이러한 문명의 발전에 대한 저항도 만만치 않았다. 2016년 대선에서 도널드 트럼프 지지자들 사이에서는 하나의 해시태그가 유행하기 시작했다. #repealthe19th. 수정헌법 제19조의 폐지해 여성 유권자의 참정권을 폐지하자고 주장하는 운동이었다.

사회 구성원들이 두려움에 대해 어떻게 대처하는가. 그 태도가 문명과 야만을 결정짓는다. 두려움이라는 원초적인 감정에 대해 혐오와 폭력으로 대응하는 것은 야만적이지만 편리하다. 권력을 나누거나 스스로의 생활양식을 바꾸는 문명인의 태도는 불편한 만큼 많은 시간, 훈련, 희생을 필요로 한다. 따라서, 문명의 발전은 더디지만, 그것을 무너뜨려 야만으로 퇴행하는 것은 한순간일 수 있다. 미국 사회는 2016년 대선에서 수많은 이들이 함께 쌓아올린 여성 참정권과 평등의 탑을 여성 대통령이 탄생할지도 모른다는 두려움 하나에 무너뜨려 야만으로 회귀하려 한 이들이 사회에 적지 않다는 부끄러운 민낯을 보여주었다.

'여성은 사람인가?' 앤써니는 이 질문에 그렇지 않다고 말할 수 있는 사람은 없을 것이라 이야기했다. 아마 여성의 참정권을 다시 빼앗자고 주장했던 트럼프 지지자들도 여성은 사람이라고 할 것이다. 여성을 아무리 노예처럼 취급하는 사회에서도 여성을 사람이라고 이야기를 할 것이다. 물론, 예외는 없지는 않겠지만 여성이 사람으로 인정하지 않는 사람은 사람의 자식이 아닌 것이 되기 때문이다. 그렇다면 인간을 인간답지 못하게 가로막고 있는 '과두정'의 위선은 여성 참정권 보장 이후 어떻게 되었는가?

권력 관계로부터 비롯된 '악'은 그 '평범성'을 유지했다. 여성은 남성보다 열등하며, 남성은 열등한 여성을 보호해야 하며, 여성은 남성을 섬겨야 한다는 것이 사회적 규범으로 오래도록 자리 잡았다. 그리고 이러한 억압은 종교, 문화, 심지어 과학 등을 활용해 정당화되었다. 비틀스 출신의 가수 존 레넌은 자신의 1972년 앨범 〈Some Time in New York City〉에 수록된 곡 'Women is Nigger of the World'를 통해 사회적으로 억압받는 여성들을 흑인Nigger. 흑인을 비하하는 표현에 빗대서 노래하였다. 가사에는 '여성들은 노예들의 노예다women is the slave to the slaves'라는 표현과 함께 벗어나지 못하는 당시 혐오의 사슬에 대한 묘사가 담겨있다.

아직도 우리 주변의 많은 여성이 단지 여성이라는 이유만으로 혐오와 폭력의 대상이 되곤 한다. 여성뿐 아니라 우리 사회의 많은 소수자가 그렇게 살아간다. 이러한 현상의 핵심은 권력에 있다. 강자에게 '두려움'이라는 감정이 심어질 때 약자에게 폭력을 가함으로써 그것을 해소하려 하는 행위가 혐오이다. 혐오는 본래의 목적과 달리 그 무엇도 해결해주지 않고, 자신과 타인의 인격을 무너뜨리며, 사회를 야만으로 회귀 시킨다. 하지만 편리하다. 약자에게 분풀이하는 것만큼 쉬운 것이 어디 있을까. 그 달콤한 유혹에 빠지게 되면 충족되지 않는 폭력의 욕구에 중독되어버려 인간성이 파괴된 좀비들만 사회에 가득하게 된다.

혐오의 과두정의 특징 중 편리성보다 더 무서운 것은 누구나 자신도 모르는 사이에 가해자가 될 수 있다는 점

수전 B. 앤써니

이다. 인간은 누구나 자신이 살아온 경험과 그 경험이 쌓여 만든 편견의 노예일 수밖에 없다. 편견은 두려움을 낳는다. 두려움은 의지를 갖고 극복해내지 못하면 자신도 모르는 사이에 폭력으로 이어질 수 있다. 여기서 중요한 것은 '자신도 모르는 사이에'다. 선한 의도를 가지고도 얼마든지 폭력의 가해자가 될 수 있다. 이런 경우 우리가 '당연하다'고 여겨지는 곳이 사각지대가 되고는 한다. '여자는 당연히 ~해야 한다', '흑인은 당연히 ~하다', '피해자는 당연히 ~해야 한다' 등등이 그런 경우다.

우리가 맺는 모든 사회적 관계는 상대성을 띨 수밖에 없고, 이 때문에 모든 인간관계는 알게 모르게 권력 관계를 형성한다. 그리고 우리와 관계없다고 생각할 정도로 멀리 있는 대상들 사이에도 그런 권력 관계는 존재한다. 그리고 그 관계는 끊임없이 변화한다. 모든 물체가 작게나마 서로 에너지를 주고받는 것과 마찬가지의 이치다. 따라서 우리는 어떤 관계에서는 피해자일 수도 있고 동시에 다른 관계에서는 가해자일 수 있는 것이다.

현대사회는 과거에 비해 한 사람이 갖는 정체성도 다양화되고 있고, 사회적 관계도 복잡해지고 있다. 다양화되고 복잡해진 만큼 그동안 우리가 인지하지 못했던 새로운 형태의 권력 관계도 발생한다. 문제는 이로 인해서 혐오의 대상도 다양화되고, 나아가 모두가 스스로를 피해자로 여기며 모두가 모두를 혐오하는 사회로 변해갈 가능성이 커지고 있다는 것이다. 또한, 역사상 가장 빠르고 편리함을 추구하는 세상에서 살아가는 우리는 '혐오'의 유혹에 그 어느 때보다 쉽게 노출된다. 혐오 달콤한 유혹에 빠지게 되면 충족되지 않는 폭력의 욕구에 중독되어버려 인간성이 파괴된 좀비들만 사회에 가득하게 될지 모른다.

'여성은 사람입니까?'라는 질문은 사람으로 인정받지 못하고 사회적으로 배제되는 사람들과 이로 인해 상실되는 사회 전체의 인간성에 관한 질문이었다. 배제되는 사람의 존재를 인정하기 위해서는 우리가 모두 경험과 편견의 노예일 수 있다는 점부터 인지하고 받아들여야 한다. 이것을 인지하는 것에서부터 우리는 앤써니가 이야기한 과두정이 우리 안에 존재하지 않는지에 관한 질문을 던질 수 있을 것이고, 그 질문에 대한 답을 함께 찾아갈 수 있게 될 것이다.

모든 혐오에 의한 과두정이 사라진 사회는 불가능한

이상일 뿐이라 여길 수 있다. 하지만, 과거에 불가능이라 여겨온 것들을 인류는 역사 속에서 함께 달성해가고 있다. 여성이 참정권 쟁취에 대해 앤써니는 자신의 사망하기 며칠 전 열린 자신의 생일파티에서 여성 참정권 문제 해결에 많은 사람들이 함께 참여하고 있는 한 '실패는 불가능하다Failure is impossible'고 말했다고 한다. 우리가 더 나은 세상을 함께 꿈꾸고, 질문을 멈추지 않는 한 세상의 모든 혐오와 과두정의 붕괴에 있어 실패는 불가능하다고 이야기하고 싶다.

여성은 사람입니까?

연설

시민 동지 여러분 저는 오늘 밤 지난 대선에서 법적 권리 없이 투표를 했다는 혐의로 기소되어 여러분 앞에 섰습니다. 저는 오늘 저녁 저의 투표행위가 범죄행위가 아닐 뿐 아니라 그 어떤 주에서도 거부할 수 없는 권위를 가진 미국 헌법에서 저를 포함한 모든 미국 시민들에게 보장한 시민으로서의 권리행사라는 점을 입증할 것입니다.

Friends and fellow citizens I stand before you tonight under indictment for the alleged crime of having voted at the last presidential election, without having a lawful right to vote. It shall be my work this evening to prove to you that in thus voting, I not only committed no crime, but, instead, simply exercised my citizen's rights, guaranteed to me and all United States citizens by the National

수전 B. 앤써니

Constitution, beyond the power of any state to deny.

연방헌법의 전문은 말합니다

The preamble of the Federal Constitution says

"우리, 미합중국의 시민은 더 완전한 연방을 형성하고, 정의를 확립하고, 국내의 안녕을 보장하고, 공동의 방위를 보장하고, 보편적 복지를 증진하고, 우리와 우리 후손들에게 자유의 축복을 확보하기 위하여 본 미합중국 헌법을 제정한다."

"We, the people of the United States, in order to form a more perfect union, establish justice, insure domestic tranquillity, provide for the common defense, promote the general welfare, and secure the blessings of liberty to ourselves and our posterity, do ordain and establish this Constitution for the United States of America."

여기서 '우리, 미합중국의 시민'은 '우리, 백인 남성 시민들' 혹은 '우리, 남성 시민들'이 아니라 연방을 구성하고 있는 모든 시민들을 말합니다. 그리고 우리는 자유의 축복을 우리나 우리의 후손들 가운데 절반에게만이 아닌 남성과 여성 모두를 위하여 확보하기 위해 연방을 구성하였습니다. 그리고 자유의 축복을 보장하기 위해 이 민주공화정부에서 부여한 유일한 수단, 투표권을 여성들에게 거부하면서 그들이 누리는 자유의 축복에 대해 논하는 것은 순전히 어불성설입니다.

It was we, the people not we, the white male citizens nor yet we, the male citizens but we, the whole people, who formed the Union. And we formed it, not to give the blessings of liberty, but to secure them not to the half of ourselves and the half of our posterity, but to the whole people – women as well as men. And it is a downright mockery to talk to women of their enjoyment of the blessings of liberty while they are denied the use of the only means of securing them provided by this democratic-republican government – the ballot.

그 어느 주에서도 성별이 참정권의 기준이 되는 법률을 제정하거나 소급해서 시민 절반의 권리를 박탈한다면 이 땅 최고의 법률을 위반한 것입니다. 이로 인하여 여성과 그들의 여성 후손들은 영원히 자유의 축복에서 배제되었습니다.

For any state to make sex a qualification that must ever result in the disfranchisement of one entire half of the people, is to pass a bill of attainder, or, an ex post facto law, and is therefore a violation of the supreme law of the land. By it the blessings of liberty are forever withheld from women and their female posterity.

그들에게 우리 정부는 통치받는 이들의 동의로부터 나온 정당한 권력이 없는 것입니다. 그들에게 우리 정부는 민주 정부가 아닙니다. 공화정부도 아닙니다. 그저 끔찍한 귀족정일 뿐입니다. 혐오스러운 성별에 의한 과두정입니다. 지구상에서 설립된 가장 혐오스러운 귀족정입니다. 부유한 사람들이 가난한 자들을 지배하는 과두정입니다. 배운 자들이 못 배운 자들을 지배하는 배움의 과두정이나 색슨족이 아프리카 사람들을 지배하는 인종의 과두정은 견딜 수 있을지 모릅니다. 하지만 아버지, 형제들, 남편, 아들들을 모든 가정의 어머니와 여성 형제들, 아내와 딸

들을 지배하도록 허하고 모든 남성을 지배계층으로, 모든 여성을 피지배계층으로 만드는 과두제는 이 나라의 모든 가정에 불화와 불협, 반항을 불러일으킵니다.

To them this government has no just powers derived from the consent of the governed. To them this government is not a democracy. It is not a republic. It is an odious aristocracy a hateful oligarchy of sex the most hateful aristocracy ever established on the face of the globe an oligarchy of wealth, where the rich govern the poor. An oligarchy of learning, where the educated govern the ignorant, or even an oligarchy of race, where the Saxon rules the African, might be endured but this oligarchy of sex, which makes father, brothers, husband, sons, the oligarchs over the mother and sisters, the wife and daughters, of every household – which ordains all men sovereigns, all women subjects, carries dissension, discord, and rebellion into every home of the nation.

웹스터, 워체스터, 보비어는 모두 시민을 미국에서 투표를 하고 공무를 담임할 수 있는 사람이라고 정의합니다.

Webster, Worcester, and Bouvier all define a citizen to be a person in the United States, entitled to vote and hold office.

여기서 남는 질문은 하나입니다 여성은 사람입니까? 아무리 제 반대편에 있는 사람이라도 그렇지 않다고 말할 수 없을 것입니다. 여성은 사람이기에 시민입니다. 그리고 그 어떤 주도 그들의 권리 혹은 면제권을 침해하는 법을 제정하거나 그러한 내용의 과거 법안을 집행할 권리가 없습니다. 따라서, 오늘날 여러 주에 제정되어있는 여성에 대한 차별적 헌법과 법률은 모든 흑인에 대한 것들과 마찬가지로 무가치하고 무효합니다.

The only question left to be settled now is Are women persons? And I hardly believe any of our opponents will have the hardihood to say they are not. Being persons, then, women are citizens and no state has a right to make any law, or to enforce any old law, that shall abridge their privileges or immunities. Hence, every discrimination against women in the constitutions and laws of the several states is today null and void, precisely as is every one against Negroes.

CHAPTER 4

On Child Labor

플로렌스 켈리
Florence M. Kelley
1859. 11. 12 ~ 1932. 2. 17.

ON CHILD LABOR

#아동 #노동 #소비

1905년 1월 22일, 필라델피아에서 열린 미국 여성 참정권 협회 총회. 여성 참정권을 쟁취하기 위한 논의가 진행되던 자리에서 한 여성이 연단에 오른다. 여성 참정권과는 동떨어져 보이는 아동노동 대한 이야기를 꺼낸 그는 여성들이 사용하는 의복과 장신구들이 어떻게 제작되는지 돌아보고 그 과정을 아는 이들의 양심이 과연 자유로울 수 있는지 묻는다. 그리고 그 양심을 자유롭게 할 노동자들과 여성의 연대를 통한 참정권의 확대라는 새로운 해법을 제시한다.

플로렌스 켈리

플로렌스 켈리. 사회운동가, 노동권, 여성 참정권, 공민권 운동, 소비자운동 등 다양한 분야에서 선구자적 활동을 해온 인물. 엘리트 집안에서 태어나 미국과 유럽에서 고등교육을 받았으며 자신의 인생을 약자를 위한 연대 활동에 바쳤다. 미국 최초의 소비자 단체를 이끌며 아동노동 철폐와 노동시간을 8시간으로 제한하는 제도 확립에 공을 세운 것으로 잘 알려져 있다.

1859년 7월 12일 노예제 폐지론자이자 공화당 발기인, 미 하원의원을 지낸 윌리엄 켈리William D. Kelly와 캐롤라인 바트람 반살Caroline Bartram Bonsall 사이에서 태어난 그는 아버지의 영향을 많이 받아 어려서부터 아동노동에 관심을 두었다. 그의 아버지는 그를 데리고 야간에 유리공장을 돌며 그보다 갖지 못한 또래 아이들이 공장에서 일하는 것을 보여주곤 했다. 이때부터 자본의 논리에 의해 착취당하는 노동자들의 삶에 관심을 갖기 시작한 그는 16세에 코넬대학에 진학하여 아동노동 문제에 대한 주제로 졸업논문을 쓰기도 했다.

대학을 졸업한 그는 사회운동가로 본격적인 활동을 시작하는데, 여성 참정권 운동, 유색인종 인권운동, 노동운동 등 다양한 분야의 활동을 전개한다. 특히, 마르크스주의자였던 그는 엥겔스와 친분을 쌓고, 자본주의의 이름으로 자행되는 다양한 문제를 해결하고자 하였는데 그의 엥겔스의 책 '1844년 영국 노동자 계급의 상태' 영문 번역본은 현재도 출판되고 있다. 자본주의의 한계를 극복하기 위한 대안으로 떠오른 것은 마르크스주의 혹은 사회주의였고, 노동운동에 관심을 두고 취리히 대학에서도 수학했던 켈리는 이러한 사상에 영향을 많이 받았다.

당시의 상황을 살펴보자면, 18세기 영국에서 중엽 증기기관차의 개발과 함께 시작된 산업혁명으로 유럽과 미국은 엄청난 경제적 성장의 시대를 맞이한다. 특히 미국의 경우에는 남북전쟁이 끝나고 재건시대Reconstruction Era, 1865~1877를 거쳐 대륙 단위의 국가의 경제적 인프라를 구축하게 되는데 이를 주도한 것은 밴더빌트, 록펠러, 카네기, J. P. 모건, 포드와 같은 기업인들이었다. 이들은 전국 단위의 철도를 놓고, 송유관을 깔고, 전기를 보급하고, 빌딩을 올리고, 자동차를 대량생산을 통해 대중화시키며 현대 미국의 모습을 갖추는 기틀을 만들었다.

하지만, 경제적 성장의 과실은 극소수의 기업가들에게

만 돌아갔다. 자유롭게 기업을 이끌던 중소기업들은 극한의 출혈경쟁을 활용해 시장 독점을 꾀하는 대기업에 속수무책으로 무너졌고, 시장 권력을 장악한 기업들은 이윤을 극대화하기 위해 노동비용을 최대한 낮게 유지하려 했다. 생산의 부속품으로만 여겨지던 노동자들은 상상하기 힘들 정도의 열악한 환경에서 쉬지 않고 일해야 했고, 이러한 착취의 대상은 남녀노소를 가리지 않았다. 약자일수록 착취에 대한 노출이 더욱더 심했음은 당연했고, 저항은 폭력적인 진압으로 이어졌다.

당시 정부가 기업의 경제활동에 관여한다는 것 자체에 대한 개념이 잡히지 않았던 때고, 복지나 사회적 안전망을 정부가 제공해야 한다는 것은 혁명적으로 여겨지던 때였으며, 이러한 상태를 유지하기 위해 독점기업들은 자본력을 활용해 언론과 정치를 통제했다. 실제로, 독점기업들은 1896년 대선에서 친기업 성향의 윌리엄 맥킨리를 대통령으로, 반독점 성향의 시어도어 루스벨트를 명예직으로만 여겨지는 부통령으로 만드는 데 성공했다. 역사학자들은 겉으로는 화려한 경제적 성장이 이루어지고 있지만, 사회적으로는 썩어들어가고 있던 이 시기를 도금시대 Gilded Age 라 부른다.

패트릭 헨리와 미국 혁명의 과정에서도 살펴보았지만, 강력한 권력의 통제가 시민의 착취로 이어질 때, 혁명의 씨앗은 자라나기 시작한다. 노동자들과 여성, 유색인종 등 착취당하는 이들의 자발적 연대가 이루어지기 시작했고, 국민 사이에서 반독점 정서가 커져갔다. 독점기업들이 맥킨리를 적극적으로 지원하여 당선시키고 정치에 관여하려 한 것 자체가 이들에 대한 여론이 악화되고 있었음에 대한 방증이기도 하다. 독점기업들의 계획은 그 누구도 예상치 못한 역풍으로 이어지는데, 맥킨리 대통령이 암살당하면서 그들이 정계에서 묻으려고 했던 시어도어 루스벨트가 대통령직을 승계하게 된 것이다. 시어도어 루스벨트의 강력한 리더십 아래 미국은 한 차례 변혁기를 맞이하게 되는데, 이를 혁신주의 시대Progressive Era 라 부른다. 켈리는 시민사회 분야에서 혁신주의 시대를 이끈 주요 인물이다.

1891년에서 1899년까지 그는 일리노이주 시카고에서 노동 착취 실태를 조사하고 감시하는 역할을 수행하였는데, 그곳에서 주 7일 16시간을 일하면서 가족을 부양하기에 턱없이 부족한 임금을 받는 노동자들에 대한 조사 결과를 발표했다. 그의 조사 결과에 따라 일리노이 주의회는 여성의 노동시간을 8시간으로 제한하고, 14세 이하 아동의 노동을 금지하는 법안을 통과시켰는데, 이를 혁신주의 시대의 시작으로 보는 시각도 있다.

　1899년 뉴욕으로 활동무대를 옮긴 켈리는 미국 소비자연맹의 사무국장에 초대 사무국장에 취임하고 활동을 이어갔다. 연대의 중요성을 이해했던 켈리는 노동운동뿐 아니라 여성 참정권, 유색인종 인권운동에 적극적으로 참여했다. 그리고 이러한 참여의 경험은 그에게 사회를 거시적으로 바라보고 각 이해당사자의 역학관계를 파악하는 데 도움을 주었다. 본 챕터에서 다루는 그의 1905년 연설은 이를 잘 보여준다. 여성참정권협회 총회에서 여성 참정권과 동떨어져 보이는 아동노동 문제에 여성들이 어떻게 참여하고 있는지, 그리고 여성 참정권과 남성 노동자의 정치참여가 어떻게 그 문제를 해결할 수 있는지를 이야기했다. 이는 켈리가 나무만 보지 않고 숲을 볼 수 있었기에 가능한 진단이다. 참고로 연설 끝부분에 '노동자들을 유권자로 등록 시켜야 한다'는 것은 당시 미국에서는 우리나라처럼 시민이 자동으로 유권자가 되는 것이 아니라 유권자로 등록을 해야 하는 방식을 취했는데, 노동자 중에는 여러 가지 이유로 유권자 등록을 하지 않는 이들이 많았기 때문이다.

켈리가 연설에서 보여준 미국 사회의 현실은 처참했다. 법적으로 용인된다는 이유로 어린 소녀들이 밤새 노동 현장에서 착취당하고 있었다. 이러한 착취의 책임에서 자유로운 사람은 없었다. 아동노동의 직접적인 사용자가 아닌 사람이라 하더라도 착취가 지탱하는 경제 체제에 소비자로 참여하고 있었다. 자신도 모르는 사이에 모두가 착취의 가해자가 되어 있었다. 전선을 설정하고 적과 아군을 나누어 싸우는 것은 쉽고 단순하지만, 사람들은 자신의 이해관계가 걸려있거나 자신도 가해자라는 진실을 마주하는 순간 그것을 선뜻 받아들이지 못하는 경우가 많다. 설령 그것을 받아들이더라도 자신의 행동 양식을 바꾸기는 더욱 쉽지 않다. 그럼에도 불구하고 켈리는 그런 불편한 진실을 알려 청중들의 양심에 호소했다.

켈리는 문제의 근원에는 통제되지 않는 자본의 권력이 있다고 믿었다. 그리고 그 해결책을 자본 권력의 통제와 노동의 가치를 바로 세우는 것에서 찾았다. 아동노동이 금지되어 아이들이 학교로 돌아가고, 노동환경이 개선되어 사람들이, 특히, 약자인 여성과 아이들이 다시는 건강을 헤쳐가며 장시간 노동에 시달리지 않아도 되는 사회를 만들기 위해 힘썼다. 캘리의 활동에 힘입어 1912년에는 미국 아동들의 복지를 관장하는 연방 아동국U.S. Children's Bureau이 설치가 되었고, 1916년에는 연방의회 법안을 통해 13세 이하의 아동노동이 들어간 모든 제품의 판매가 금지되었다. 또한, 미국 전역의 작업장에는 최소한의 화장실 개수 확보가 강제되었고, 최저임금과 최대작업 시간의 제한이 시행되었다.

이 모든 과정은 모두 자본의 거센 저항에 부딪혔다. 가장 흔히 사용된 방식은 노동자의 권리가 증가하면 사회가 무너진다는 공포를 조장하는 것이었다. 무너지는 방식은 다양했다. 권리가 증진된 노동자들이 '게을러져서', 노동 비용 증가에 따라 기업 활동이 어려워져서 등등. 아동노동을 금지할 때도, 주 5일 노동이 도입될 때도, 노동삼권이 도입되었을 때에도, 하다못해 작업장에 화장실을 설치하는 것을 강제할 때에도 자본은 같은 논리를 펼쳤다. 실제로 노동자들이 인간다운 대우를 받아서 무너진 적은 없지만, 이러한 신화적 공포는 아직도 많은 사회에서 유효하게 작동한다.

그렇다면 현대 미국 사회는 아동노동 착취의 문제에서 자유로워졌을까?

아동노동과 착취의 문제는 양심에 비추어보아 선과 악의 구조로 단순화하여 쉽게 해결할 수 있어 보이지만 현실은 그것과 거리가 한참 멀다. 켈리가 연설에서 설명한 것처럼 착취의 책임은 기업에만 있는 것이 아니라 착취를 통해 저렴하게 제작된 재화를 소비하는 소비자에게도 있기 때문이다. 그 생산과정이 눈에 보이지 않기 때문에 책임감을 덜 수 있지만, 실제 책임이 없는 것은 아니다.

미국 소비자들의 상당수는 여전히 아동노동 착취를 통해 생산된 재화를 소비한다.

세계화가 진행되면서 값싼 노동력을 찾아 아웃소싱이 시작되었고, 아동노동은 지금도 활발하게 진행 중에 있다. 어쩌면, 미국을 비롯한 선진국 사회는 자신들의 노동 문제를 다른 국가에 떠넘기면서 해결했는지 모른다. 켈리가 묘사한 아동노동 현장은 산업화 시기의 우리나라와 같고, 오늘날 베트남, 인도 등에서 벌어지는 모습과 크게 다르지 않다. 특히, 최신 유행을 즉각 반영하여 저렴한 가격에 보급하고, 상품의 빠른 회전율로 경쟁하는 패스트 패션Fast Fashion이 세계적으로 유행하며 인도와 방글라데시의 소녀들은 켈리가 표현한 환경과 다르지 않은, 혹은 그보다 이 취약한 환경에서 일하고 있다.

그런 착취가 벌어지는 현장에 문제를 제기하는 것도 녹록지 않다. 유년기를 노동 현장에서 보낸 이들이 주류를 이루는 사회에서는 아동노동에 대한 문제 인식 자체가 없는 경우가 많고, 그 문제 인식이 있다 하더라도 '빈곤한 국가에서 빈곤한 가정의 아이들이 노동 현장에 나서지 않을 경우, 그 가정을 책임져줄 것은 아니지 않냐'는 현실적인 대답이 돌아온다.

그렇다면 아동의 노동이나 노동 착취가 이루어지지 않는 제품만 소비하면 되지 않을까? 쉽지 않다. 개발도상국 생산자의 지속 가능한 발전과 노동조건 개선을 위한 공정무역 제품들을 사용하는 윤리적 소비가 확대되고 있지만 당장 상대적으로 비싸고, 구하기 힘든 제품의 소비를 자유시장 경제에서 강제할 수도 없다.

이 모든 어려움에도 불구하고, 세계에서 아동노동과

노동 착취를 없애고자 하는 노력은 계속되고 있고, 실질적인 성과를 거두고 있다. 유엔을 비롯한 국제 사회는 아동노동을 통해 생산된 제품의 무역을 금지하는 한편, 감시와 감독을 강화하고 있다. 기업의 사회적 책임CSR, Corporate Social Responsibility이 강화되면서 글로벌 기업들은 개발도상국의 공장에 아동노동 활용을 금지하고 있고, 윤리적 소비를 생활에서 실천하는 소비자들도 점차 늘어나고 있다. 모든 문제와 마찬가지로 아주 더디지만 조금씩 해결이 되어가는 추세인 것이다.

우리가 소비하는 모든 재화에는 누군가의 노동이 들어간다는 것을 인지하는 것에서 시작해야 한다. 그 노동에서 아이들만큼은 해방시켜줄 수 있는 양심과 마음의 여유만 있다면 아주 작게나마 노력을 기울여 참여하는 것으로 세상은 바뀌어 나갈 수 있다. 켈리가 연설을 통해 주장한 것도 참여자를 늘이는 방식으로 아동노동 문제를 해결할 수 있다는 것이다. 정치적인 해결을 위해 노동자들을 끌어들이고, 여성들의 참정권을 확보하는 방법을 제안한 것이다. 현대사회를 살아가는 우리는 정치적인 방식 외에도 공정무역제품이나 CSR을 실천하는 회사의 제품을 소비하고, 아동노동 착취 제품을 보이콧하는 등의 방식으로 참여할 수 있다.

아동노동뿐만 아니다. 노동환경은 약자에게 더 가혹한 경향이 있다. 화장실에서 식사를 해결하는 청소노동자들의 모습이나 너무나도 열악한 환경에서 몸을 혹사하는 택배 노동자들의 모습, 안전장치 없이 위험한 공사 작업을 진행하는 건설노동자들의 모습에 많은 이들이 분노를 표출하지만, 개선은 제대로 이루어지지 못하고 있다. 우리가 사용하는 재화와 서비스 가격에 이들의 낮은 노동비용이 반영되어 있기 때문이다.

우리가 세계 10위의 경제 대국에 살고 있고 국제사회에서 이제는 어느 정도의 리더십을 발휘할 수 있을 정도로 성장했다고 자화자찬하는 현재에도 여전히 산업재해 발생이나 산업재로 인한 사망률이 OECD 국가 중 상위권에 속해 있는 것이 현실이다. 그리고 이런 열악한 환경 속에서 만들어진 재화와 서비스를 알게 모르게 우리는 이용하며 살아가고 있다. 이것은 단순히 인건비를 이야기하는 것이 아니다. 우리 사회가 노동환경 개선에 대한 비용에 인색하다는 이야기를 하는 것이다.

모두가 인간답게 살 수 있는 세상이 아니라면 그 누구도 인간답게 사는 세상이 아니다. 오늘날과 같이 전 세계가 긴밀하게 얽혀있는 세상에서 개인의 소비가 사회에 미치는 영향도 그만큼 커졌다. 누군가가 열악한 환경에서 착취당하고 살아가고 있고, 그 혜택을 내가 누리고 있다면 그것은 나라는 사람에 대해 어떤 이야기를 해주고 있는 것인가.

점점 소비를 통해 자신의 정체성을 드러내는 경향성이 증가하고 있다. 내가 어떤 사람인지를 결정하고 보여주는 방식으로 재화와 서비스를 구매하는 사람이 늘어나고 있다. 각자가 어떤 사람인지 소비를 통해 결정하기에 앞서 우리가 어떤 세상에 살고 싶은지까지 생각하지 않더라도 나의 소비가 어떤 사회를 만드는 데 일조하고 있는 것인지에 대해서 켈리의 연설을 통해 질문해보았으면 좋겠다.

당신이 사용하는 그 물건. 어디서 왔나요?

ON CHILD LABOR

연설

이 나라에는 자신의 생계를 책임지는 16세 이하 어린
이가 200만 명이 있습니다. 그들은 조지아의 목화농장에
서 일하는 6~7세에서부터 펜실베니아 쇄탄소에서 일하
는 9~10세, 조금은 계몽된 주에서 일하는 14, 15, 16세
까지 연령도 다양합니다.

We have, in this country, two million children under
the age of sixteen years who are earning their bread. They
vary in age from six and seven years in the cotton mills of
Georgia and eight, nine and ten years in the coal-breakers of
Pennsylvania, to fourteen, fifteen and sixteen years in more
enlightened states.

지난 10년간 유급 노동자 중 14~20세 사이의 어린 소녀들만큼 빠르게 증가한 계층은 없습니다. 생계를 책임지는 남성도 증가하고, 여성도 증가하고, 청년도 증가하고, 소년도 증가합니다. 하지만 그 어떤 계층도 12세에서 20세 사이의 소녀 계층처럼 조사 기간이 넘어갈 때마다 비율과 숫자에서 두 배씩 늘지 않습니다. 그들은 상업, 사무실, 제조를 가리지 않고 있습니다.

No other portion of the wage earning class increased so rapidly from decade to decade as the young girls from fourteen to twenty years. Men increase, women increase, youth increase, boys increase in the ranks of the breadwinners but no contingent so doubles from census period to census period both by percent and by count of heads, as does the contingent of girls between twelve and twenty years of age. They are in commerce, in offices, in manufacturing.

우리가 오늘 밤 잠을 자는 동안에도 수천 명의 소녀들은 밤새 스핀들과 룸이 돌아가고 방직하면서 내는 고막이 찢어질 듯한 소리를 들으며 우리가 구매할 면과 울, 실크,

리본들을 만들고 있습니다.

Tonight while we sleep, several thousand little girls will be working in textile mills, all the night through, in the deafening noise of the spindles and the looms spinning and weaving cotton and wool, silks and ribbons for us to buy.

앨라배마의 법은 16세 이하 어린이가 방적 공장에서 밤에 8시간 이상 일하지 못하게 정해놓고 있는데, 이는 심지어 다른 남부의 주보다 나은 것입니다. 노스캐롤라이나와 사우스캐롤라이나, 그리고 조지아 주는 어린이의 야간노동에 대한 규제가 전혀 없습니다. 이 때문에 우리가 오늘 밤 잠을 잘 동안 그 주의 백인 소녀들은 방적 공장에서 11시간씩 일하고 있을 것입니다.

In Alabama the law provides that a child under sixteen years of age shall not work in a cotton mill at night longer than eight hours, and Alabama does better in this respect than any other southern state. North and South Carolina and Georgia place no restriction upon the work of

역사를 바꾼 명 연설원고

children at night and while we sleep little white girls will be working tonight in the mills in those states, working eleven hours at night.

조지아에는 그 어떤 규제도 없습니다! 보빈에 겨우 손이 닿을만한 키의 여섯 살 혹은 일곱 살의 소녀가 낮이든 밤이든 11시간씩 일합니다. 우리가 잠을 자는 오늘 밤에도 일을 하겠지요.

In Georgia there is no restriction whatever! A girl of six or seven years, just tall enough to reach the bobbins, may work eleven hours by day or by night. And they will do so tonight, while we sleep.

이러한 현상은 남부에서만 벌어지는 게 아닙니다. 앨라배마는 어린이의 야간노동을 8시간으로 제한하고 있지만, 뉴저지는 밤샘 노동을 허용하고 있습니다. 작년에 뉴저지가 어마어마하게 퇴보한 사건이 있었습니다. 여성과 어린이들이 저녁 6시와 금요일에 정오에 일을 중지하도록 하는 법을 폐지한 것입니다. 덕분에 뉴저지의 소년 소녀들이 자신들의 14번째 생일에 밤샘 노동을 하는 가련

한 특권을 누릴 수 있게 되었습니다.

Nor is it only in the South that these things occur.
Alabama does better than New Jersey. For Alabama limits
the children's work at night to eight hours, while New
Jersey permits it all night long. Last year New Jersey took
a long backward step. A good law was repealed which had
required women and [children] to stop work at six in the
evening and at noon on Friday. Now, therefore, in New
Jersey, boys and girls, after their 14th birthday, enjoy the
pitiful privilege of working all night long.

지난 5월까지 펜실베니아에서는 13세 어린이들이 밤
에 12시간 동안 일하는 것이 법적으로 허용되었습니다.
한 소녀가 자신의 13번째 생일날 오후 5시 반에 집을 나
와 자신보다 더 행복한 이들이 점심 도시락을 들고 나가
듯 밤 도시락을 들고 나와 저녁 6시에서부터 아침 6시까
지 일하는데 그것이 그 어떤 연방법에도 저촉되지 않습니
다.

In Pennsylvania, until last May it was lawful for

children, 13 years of age, to work twelve hours at night. A little girl, on her thirteenth birthday, could start away from her home at half past five in the afternoon, carrying her pail of midnight luncheon as happier people carry their midday luncheon, and could work in the mill from six at night until six in the morning, without violating any law of the Commonwealth.

조지아의 어머니들과 선생님들이 투표를 할 수 있었다면 조지아 의회가 지난 삼 년 동안 모든 회기에서 12세 이하의 어린이들이 방적공장에서 일하는 것을 금지하는 법안에 반대했을까요?

If the mothers and the teachers in Georgia could vote, would the Georgia Legislature have refused at every session for the last three years to stop the work in the mills of children under twelve years of age?

뉴저지의 어머니들에게 투표권이 있었다면 뉴저지 의회가 14세 소녀들이 밤샘 노동을 할 수 있도록 하는 법안의 폐기가 이루어질 수 있었을까요? 큰 산업이 위치한 주들의 어머니들에게 선거권이 보장되지 않는 이상 우리는 이 거악에 참여하는 우리의 양심을 해방시킬 수 없습니다.

오늘 밤 이 방에 계신 그 누구도 그러한 참여에서 자유로울 수 없습니다. 그 어린이들은 우리의 신발을 신발공장에서 만들고, 우리의 스타킹과 속옷을 뜨개질 공장에서 만들고 있습니다. 그들은 우리의 면 속옷을 방적 공장에서 만들고 있습니다. 어린이들은 우리의 모자의 짚을 꼬고, 우리의 모자를 장식할 실크와 벨벳을 방적합니다. 그들은 버클과 핀, 해트 핀 등 모든 종류의 금속 장식물을 찍어냅니다. 노동 착취 시스템을 통해 작은 어린이들이 우리가 살 수 있는 조화와 목걸이를 만들고 있습니다. 그들은 학교생활을 빼앗겨 짐을 나르는 작은 짐승들이 되어 옷을 공장에서 공동주택으로 나르며 우리를 위해 일하고 있습니다.

Would the New Jersey Legislature have passed that shameful repeal bill enabling girls of fourteen years to work all night, if the mothers in New Jersey were enfranchised? Until the mothers in the great industrial states are enfranchised, we shall none of us be able to free our consciences from participation in this great evil. No one in this room tonight can feel free from such participation. The children make our shoes in the shoe factories they knit our stockings, our knitted underwear in the knitting factories. They spin and weave our cotton underwear in the cotton mills. Children braid straw for our hats, they spin and weave the silk and velvet wherewith we trim our hats. They stamp buckles and metal ornaments of all kinds, as well as pins and hat-pins. Under the sweating system, tiny children make artificial flowers and neckwear for us to buy. They carry bundles of garments from the factories to the tenements, little beasts of burden, robbed of school life that they may work for us.

우리는 이것을 바라지 않습니다. 우리는 성인 남성과 여성들이 우리의 일을 해주기를 선호합니다. 그러나 우리에게는 힘이 거의 없습니다. 그럼에도 불구하고 청원권이 있는 시민으로서 아예 무력한 것은 아닙니다. 저는 투표권을 쟁취할 때까지 이 권리를 활용할 수 있는 모든 방식으로 활용하고, 쟁취 후에는 두 권리를 모두 활용할 것입니다.

We do not wish this. We prefer to have our work done by men and women. But we are almost powerless. Not wholly powerless, however, are citizens who enjoy the right of petition. For myself, I shall use this power in every possible way until the right to the ballot is granted, and then I shall continue to use both.

우리는 우리의 양심을 해방시키기 위해 무엇을 할 수 있을까요? 우리가 많은 것을 이루어낼 수 있는 한 가지 행동이 있습니다. 우리는 어린이들을 해방시키는 범위 내에서 함께 싸워줄 남성 노동자들에게 우리의 투표권을 대신해주도록 참여시킬 수 있습니다. 어린이들을 해방시키는데 도움을 달라는 요청을 거절할 노조는 이 나라에 없습니다.

What can we do to free our consciences? There is one line of action by which we can do much. We can enlist the workingmen on behalf of our enfranchisement just in proportion as we strive with them to free the children. No labor organization in this country ever fails to respond to an appeal for help in the freeing of the children.

우리의 어린아이들을 위해, 우리가 죽고 나서 투표를 하게 될 아이들이 살아갈 공화국을 위해, 그리고 우리 자신을 위해 우리는 노동자들을 유권자로 등록시켜 아이들을 노역으로부터 해방시켜야 합니다!

For the sake of the children, for the Republic in which these children will vote after we are dead, and for the sake of our cause, we should enlist the workingmen voters, with us, in this task of freeing the children from toil!

CHAPTER 5

Professions for
Women

버지니아 울프
Adeline Virginia Woolf
1882. 1. 25. ~ 1941. 3. 28.

PROFESSIONS FOR WOMEN
#자기만의 방 #경제적 독립

1931년 1월 21일, 영국 여성직업사회 초청 강연. 〈자기만의 방〉의 저자 버지니아 울프의 이야기를 듣기 위해 수많은 인파가 몰린 자리. '자기만의 방'을 획득의 성공스토리를 듣게 될 줄 알았던 청중들은 전혀 다른 이야기를 듣게 된다. 작가로서의 삶과 자신이 죽여야 했던 유령에 대해 이야기하던 그녀는 자기만의 방은 시작에 불과하다고 말한다. "방은 여러분들의 것이지만 아직 비어있습니다."

버지니아 울프. 현대 문학 소설의 거장. '의식의 흐름'
이라는 기법의 개척자이자 페미니즘 운동에 앞장선 인물
이다. 인간 심리의 가장 깊숙이 있는 '진실'에 다가가고자
한 그의 노력이 자신의 작품세계뿐 아니라 여성 작가로서
자신의 경험을 담은 강연 에세이 '자기만의 방'에 잘 드러
나 있다. 우리나라에서는 그의 비극적 삶이나 '자기만의
방'이 가장 주목을 받고 있지만, 이번 챕터에서는 그의 과
거 연설이 오늘날 우리에게 어떤 이야기를 전하는지 살펴
보고자 한다.

1882년 1월 25일 영국의 런던에서 라파엘전파 모델
로 유명세를 떨친 줄리아 잭슨Julia Prinsep Jackson과 철학자
이자 역사가, 작가로 왕성한 활동을 펼친 레슬리 스티븐
Leslie Stephen 사이에서 8남매 중 일곱째로 태어났다. 당시
여성에 대한 교육은 학교가 아닌 집안에서 이루어졌던 규
범에 따라 부모에게 교육을 받은 그는 글을 쓰는 일에서
두각을 나타냈다. 이를 일찍이 알아본 아버지는 그에게
전문적으로 글을 써볼 것을 권유하였고, 그는 1900년 비
평가로 데뷔를 하게 되었다.

유복하고 지적인 집안에서 자란 그는 어려서부터 감성

이 풍부하고 정신적으로 건강하지 못했는데, 의붓오빠에게 성추행을 당하고 1895년에 어머니, 1904년에 아버지까지 여의며 정서적으로 매우 불안한 상태에 놓였다. 이는 불행하게도 그가 스스로 목숨을 끊는 계기가 되는 조울증으로 추정되는 질환으로 발전하지만, 그의 감각적이고 '의식에 흐름'의 기법을 활용한 작품세계에도 영향을 미쳤을 것으로 추정된다.

부모님 사후에 런던의 블룸즈버리로 이사한 그는 남동생 에이드리언을 중심으로 결성된 지성인 모임 블룸즈버리 그룹Bloomsbury Group의 일원으로 활동하는데, 여기에는 경제학자 존 메이너드 케인즈John Maynard Keynes, 소설가 E. M. 포스터E. M. Forster 등이 참여했다. 그들은 기존의 권위를 조롱하고 규범에 도전하는 행동을 하는 것으로 악명을 떨쳤다. 동성혼 등 성 소수자의 인권을 지지하고, 평화주의, 진보적 정치사상 등을 지지했는데 울프는 블룸즈버리 그룹의 참여를 통해 삶에 대한 새로운 관점과 여성으로서의 사회진출 및 페미니즘 운동 참여에 대해 더 큰 용기를 얻었고, 이는 그의 작품세계에도 큰 영향을 미쳤다.

비평가로서 활동하던 그는 1912년 레너드 울프Leonard Woolf를 만나 결혼하게 되는데, 그는 울프가 사망할 때까지 돌보며 '호가스 출판사Hogarth Press'를 설립·운영하는 등 작품 활동을 도왔다. 1915년 '출항Voyage Out'을 통해 비평가가 아닌 소설가로 데뷔한 울프는 '제이콥의 방Jacob's Room', '델러웨이 부인Mrs Dalloway', '등대로To the Lighthouse', '올랜도Orlando' 등을 통해 문학계 거장이 되었다. 작가로서의 성공으로 강연 활동도 하게 되었는데, 케임브리지 대학 뉴넘 칼리지에서의 강연을 토대로 한 에세이 '자기만의 방'은 오늘날까지 페미니즘의 교과서로 불린다.

'여자가 작가로서 살아가기 위해서는 돈과 자기만의 방이 필요하다'

'자기만의 방'은 에밀리 브론테, 제인 오스틴 등 여성 작가들의 작품을 처음으로 문학비평의 영역 안에 끌어들이고, '여성'을 담론화하며, 여성이 작가로서 살아가는데 부딪힐 수밖에 없는 사회적 한계에 대해 이야기한 작품이다. 물질적, 정신적 독립을 이룬 여성만이 문학계에서 성공 내지 살아남을 수 있음을 역설한 '자기만의 방'은 사회적 편견 및 유리천장에 가로막힌 여성들에게 최소한의 조건이 무엇인가를 제시했다.

본 연설은 '자기만의 방' 출간 2년 후인 1931년 영국 여성직업사회National Society of Women's Service에서 그가 발표한 것으로 '자기만의 방'에 담아내지 못했던 자신의 경험과 보충설명을 가미했다.

울프가 살던 영국은 1918년 여성의 참정권이 처음 인정되었다. 하지만, 여성들은 '여성들에게 적합한' 일을 통해서만 사회에 진출할 수 있었고, 사회에 진출해서도 '여성다운' 역할을 강요당했다. 여성의 사회진출 자체에 대해서 사회가 부정적인 인식도 팽배했다. 울프는 이와 관련하여 여성 작가로서 자신이 부딪혀야 했던 어려움을 두 가지 비유를 통해 묘사했다. 하나는 '집안의 천사'라는 유령이고, 다른 하나는 그것을 죽이고 나서 어떻게 해야 할지 모르는 자기 자신이다.

'집안의 천사'라는 유령은 여성으로 하여금 성공을 위해 자기 자신을 속이고 사회적 고정관념에 순응하게 하는 존재다. 자기 자신으로서 살아가기보다는 사회가 원하는 일을 하면서 인정을 구걸하도록 하는 존재가 '집안의 천사'인 것이다. 당시를 살던 여성들에게 '잡안의 천사'는 "얘야, 너는 어린 여인이야. 너는 남성이 쓴 책에 관해 쓰고 있어. 동정적으로, 부드럽게, 겸손하게, 우리 성性이 갖고 있는 모든 수단과 방법을 동원해 속여. 네가 스스로 생각할 수 있는 존재라는 것을 그 누구도 절대 추측할 수 없도록 해야 해. 무엇보다도 순결해야 해."라고 이야기하는 존재였다. 이런 고정관념은 여성으로 하여금 자기 자신의 인격을 파괴하고 스스로에게 솔직하지 못하며 살아가도록 강요한다.

울프는 이런 집안의 천사를 죽이고 나서야 비로소 자유로워졌다고 한다. 하지만, 이는 상상력이 바위에 부딪혀 산산조각이 나버리는 새로운 경험으로 이어졌다. 자유는 얻었지만, 그 자유를 어떻게 사용해야 하는지에 대한 상상을 가능케 해줄 지표나 경험이 전혀 없기 때문이다. 울프는 특히 여성이 자신의 '신체와 열망에 대해 든 생각을 비유 없이 표현하는 것이 여성으로서 할 수 없기 때문'이라고 지적했다.

어느 문화권이나 그 문화 고유의 언어가 존재한다. 그

리고 그 문화의 언어는 문화를 사용하는 이들과 상호작용하며 틀을 만든다. 당시의 문화는 엘리트 백인 남성의 전유물이었고, 그들만의 언어로 모든 것이 표현되었다. 그들이 사용하는 언어는 자신들의 경험을 표현하는 수단이었기에 여성으로서의 삶과 경험들은 언어에서 철저히 배제되었다. 그들의 문화에서 여성은 '집안의 천사'라는 이상으로만 존재해야 했고, 그 이상마저 제거하면 여성을 표현할 언어조차 제대로 존재하지 않을 만큼 문화는 빈곤했다. 최근까지도 영미권에서 '여자 같다'라는 표현은 비하적 표현으로도 종종 쓰였는데, 당시에는 오죽했겠는가.

문화적 다양성 부재로 인한 문화적 빈곤은 여성을 억압하는 기재로도 활용되지만, 동시에 남성의 인간성을 파괴한다. '남성다움'을 규정하는 고정관념에 갇히는 맨 박스는 남성으로 태어나거나 스스로의 정체성을 남성에서 찾는 이들로 하여금 사회가 규정한 남성다움을 추구하도록 한다. 남성들이 스스로 문화를 주도하면서 만들어낸 '집안의 천사'와 같은 존재가 맨 박스인 것이다. 맨 박스에 갇힌 남섬들은 스스로가 무엇을 좋아하는지, 무엇이 자신을 행복하게 하는지를 알아가는 자아실현보다는 자신이 남성답고 능력 있는 사람이라는 것을 입증하는 데 힘을 쏟는다. 그 과정에서 자신도 모르게 인격이 파괴되고 그 파괴된 인격의 공허함은 약자에 대한 폭력으로 보상받으려 하는 현상이 발생한다. 수전 B. 앤써니의 연설에서 살펴본 '과두정'의 문화적 다양성 부재와 빈곤은 이렇게 강자와 약자 모두의 인격을 파괴한다. 이러한 빈곤을 해결하기 위해서는 더 많은 여성이 사회에 진출하고 문화의 주체로서 활동해야 하지만 이를 가로막는 유리천장이 곳곳에 견고하게 존재했다.

울프가 연설에서 언급했던 이런 유리천장은 겉으로 보기엔 아무 문제 없어 보이고, '주류'의 입장에서 그것이 특정 집단에만 존재한다고 믿기도 어렵다. 더 큰 문제는 유리천장을 깨기 위해서 소수자나 약자는 언제나 자신의 능력을 입증해야 하는 상황에 맞닥뜨리게 된다는 점이다. 이런 상황에서 약자는 '집안의 천사' 같은 존재가 되어 스스로를 부정하며 주류에 편승하여 인정을 받을 것인지를 선택해야 한다.

자신을 부정하며 주류에 편승할 기회가 주어진 약자는 또 다른 장애물들을 만난다. 울프가 이야기한 것처럼 그러한 기회를 가져본 소수자가 워낙 적어서 참고할만한 경험이나 데이터가 부족하다는 것과 그의 실패를 바라는 사회의 시선이다. 정보가 부족해 그에 기인한 상상력도 벽에 부딪히는 상황에서 조금이라도 흐트러지거나 실수하면 '역시 저래서 ~는 안 된다'라는 말을 들어야 한다. 이럴 때 등장하는 단어가 '시기상조'다. '아직 준비가 되지 않았다' 혹은 '아직 사회가 받아들일 준비가 되지 않았다' 등 핑계의 근거로 실패 사례를 들먹이며 약자를 억압한다. 그리고 이를 통해 강자는 자신의 입지를 더욱 공고히 한다.

울프는 기회의 균등 문제를 조금이나마 해소할 수 있는 방식으로 여성들에게 '자기만의 방'을 가져야 한다고 주장한다. 경제적 의존을 없애는 것에서부터 시작해야 한다는 것이다. '자기만의 방'은 모두가 같은 출발선에서 시작할 수 있는 기본권의 개념이다. 실제로 여성의 사회진출이 증가하고 점차 문화의 생산과 소비의 주체가 되면서 이러한 빈곤은 서서히 해결되고 있다. 사회 각 분야에서 유리천장이라 여겨지던 것들도 조금씩 깨져나가고 있다. 여성뿐 아니라 많은 소수자에게 있어서 이른바 '성공'한 사람들이 조금씩 나타나고 있다. 이는 참정권 확대와 경제활동 참여 인구의 다양성 증대, 사회적 안전망 확충 등으로 점차 다양한 이들이 '자기만의 방'을 확보할 수 있게 되었기 때문이다.

'자기만의 방'은 결국 '경제적 독립'을 이야기한다고 볼 수 있다. 누구나 경제적으로 의존하는 대상이 존재하는 한 진정한 의미의 자유를 얻을 수 없다. 경제적 독립을 얻을 수 없다면, 그 상황을 벗어나기 위해 노력하거나 포기하는 선택지만이 남을 뿐 '집안의 천사'와 같은 편견을 없애거나 자기 자신으로 살아가는 데 필요한 고민의 시간을 가지기 어렵다. 인간이 빈곤한 상황에 부닥치면 그렇지 않았을 때보다 IQ가 13포인트 정도 낮아진다는 연구 결과가 있다. '자기만의 방'을 확보하지 못한 사람은 고민의 시간을 갖는다고 하더라도 합리적인 선택을 할 가능성이 그렇지 않은 사람들에 비해 떨어진다는 것이다.

아직도 많은 이들이 '자기만의 방'을 확보하지 못한 채 살아가고 있다. 4차 산업혁명의 여파로 일자리가 대량으로 사라질 위기에 처하면서 '자기만의 방'을 가진 이들마저 위협을 받고 있는 것이 현실이다. 어쩌면 최근 들어 확산되고 있는 혐오의 정서도 그 뿌리에는 '자기만의 방'을 갖지 못한 이들이나 그것을 위협받는 이들이 마음의 여유를 잃으면서 발생하는 것인지도 모른다. 문제의 본질이 경제적 자유가 이루어지지 못하고 있거나 그것이 위협받는 것에 있는데, 그 탓을 다른 집단에서 찾고 있는 것이다. 그리고 이러한 혐오를 부추겨 이득을 얻는 이들의 존재도 무시할 수 없다.

어느 사회에나 어떤 형태로든 존재하는 '집안의 천사'와 같은 편견들을 없애는 것은 오랜 시간과 노력이 필요한 일이다. 하지만, 그것을 없애는데 필요한 전제인 '자기만의 방'을 모두가 확보할 수 있도록 하는 것은 이보다 더 빠르게 달성할 수 있다. 최근 논의되고 있는 보편적 복지의 확대 혹은 기본소득의 도입이 모두 이러한 '자기만의 방'을 제공하고자 하는 노력의 일환이다.

물론, 이에 대한 반발도 큰 것이 사실이다. 사회적으로 활용 가능한 재원은 한정적이기에 그 활용에 대해서 이견은 존재할 수밖에 없다. 이를 부정하고 어떤 의견이 절대적으로 옳다거나 그르다고 할 수도 없는 것이다. 더욱이 개인의 부와 빈곤이 온전히 개인의 노력으로 결정된다는 신화가 주류인 상황에서 빈곤으로 인해 발생하는 인간성의 파괴가 결국에는 모두에게 돌아간다는 것을 이야기 하기가 쉽지 않다. 누구나 '자기만의 방'이 필요하다는 말에는 많은 사람들이 동의하더라도 그것을 사회가 제공해야 한다고 하면 '사회주의자' 혹은 '빨갱이' 소리를 들을 각오 정도는 해야 하는 것이 현실이다.

그럼에도 불구하고, 울프가 연설을 통해 이야기한 장애물에 부딪힘 없이, 인간이 스스로 자신다움을 추구하며 살 수 있는 상태를 만들기 위한 노력은 전 세계적으로 이미 진행하고 있고, 우리나라에서도 다양한 논의가 진행 중에 있다. 그 궁극적인 목표를 달성하는 방식이 어찌 되었든, '자기만의 방'과 '집안의 천사'에 대한 고민과 대화가 이 연설을 접하는 이들을 통해서 이루어졌으면 좋겠다.

PROFESSIONS FOR WOMEN

연설

제가 이 자리에 초청받을 때, 여러분의 사무장께서는 여러분이 여성 취업에 대해 고민하고 있다는 말씀과 함께 제 전문 경험에 대해 무언가 이야기해주기를 요청하셨습니다. 제가 여성인 것도 사실이고, 제가 직업이 있다는 것도 사실입니다. 하지만 제게 전문 경험이라는 게 뭐가 있을까요? 이건 말씀드리기 어렵습니다. 저의 전문분야는 문학입니다 문학은 연극을 제외하고는 여성이 얻을 수 있는 직업 경험이 적은 분야입니다. 적다는 것은, 다른 분야에 비해 여성에게 생소하다는 뜻입니다. 저보다 이전에 이 길을 부드럽게 갈고 닦아준 Fanny Burney, Aphra Behn, Harriet Martineau, Jane Austen, George Eliot와 같은 유명한 여성들과 알려지지 않고 잊힌 더 많은 사람이 존재했습니다. 덕분에 제가 글을 쓰기 시작했을 때는 제

앞에 훨씬 적은 장애물이 있었습니다.

When your secretary invited me to come here, she told me that your Society is concerned with the employment of women and she suggested that I might tell you something about my own professional experiences. It is true I am a woman it is true I am employed but what professional experiences have I had? It is difficult to say. My profession is literature and in that profession there are fewer experiences for women than in any other, with the exception of the stage--fewer, I mean, that are peculiar to women. For the road was cut many years ago--by Fanny Burney, by Aphra Behn, by Harriet Martineau, by Jane Austen, by George Eliot--many famous women, and many more unknown and forgotten, have been before me, making the path smooth, and regulating my steps. Thus, when I came to write, there were very few material obstacles in my way.

글을 쓰는 일은 평판도 좋고 해가 없는 직종이었습니다. 펜을 든다고 해서 가정의 평화가 깨지지도 않았고, 집안에 손 벌리는 일도 없었습니다. 16펜스로 마음만 먹으면 누구나 셰익스피어의 모든 작품을 필사할 수 있는 충분한 종이를 구매할 수 있습니다. 작가에게는 피아노, 모델, 파리, 비엔나, 베를린, 영주와 그의 정부 같은 것들이 필요 없습니다. 글 쓰는 종이가 저렴하다는 것이 다른 전문분야에 비해 글 쓰는 분야에서 더 많은 여성이 성공하고 있는 이유입니다.

Writing was a reputable and harmless occupation. The family peace was not broken by the scratching of a pen. No demand was made upon the family purse. For ten and sixpence one can buy paper enough to write all the plays of Shakespeare--if one has a mind that way. Pianos and models, Paris, Vienna and Berlin, masters and mistresses, are not needed by a writer. The cheapness of writing paper is, of course, the reason why women have succeeded as writers before they have succeeded in the other professions.

하지만 저의 이야기를 해드리자면 — 단순합니다. 침실에서 손에 펜이 쥐어진 한 소녀만 떠올리면 됩니다. 그녀는 펜을 왼쪽에서 오른쪽으로, 10시 방향에서 1시 방향으로 움직이기만 하면 됩니다. 그녀는 그 페이지들을 봉투에 담고, 1페니짜리 우표를 모서리에 붙여 골목의 빨간 우체통에 집어넣는 행위가 단순하고 저렴하다는 사실을 깨닫습니다. 그렇게 저는 저널리스트가 되었습니다. 저에게는 매우 영광스러운 날이 된 그다음 달의 첫날에 저의 노력은 1파운드 10실링, 6펜스의 수표와 함께 담긴 편집장의 편지로 보상받게 되었습니다. 제가 얼마나 전문직 여성으로 불릴 자격이 없고, 그러한 삶의 고충과 난관에 대해 무지하냐면 저는 이 돈을 빵이나 버터, 집세, 신발, 스타킹, 정육 비용에 쓴 것이 아니라 나중에 이웃들과 격한 분쟁도 휘말리게 되는 아름다운 페르시안 고양이 한 마리를 사는 데 썼다는 사실을 고백합니다.

But to tell you my story--it is a simple one. You have only got to figure to yourselves a girl in a bedroom with a pen in her hand. She had only to move that pen from left to right--from ten o'clock to one. Then it occurred to her to do what is simple and cheap enough after all-- to slip a few of those pages into an envelope, fix a penny stamp in the corner, and drop the envelope into the red box at the corner. It was thus that I became a journalist and my effort was rewarded on the first day of the following month--a very glorious day it was for me--by a letter from an editor containing a cheque for one pound ten shillings and sixpence. But to show you how little I deserve to be called a professional woman, how little I know of the struggles and difficulties of such lives, I have to admit that instead of spending that sum upon bread and butter, rent, shoes and stockings, or butcher's bills, I went out and bought a cat--a beautiful cat, a Persian cat, which very soon involved me in bitter disputes with my neighbours.

수입으로 글을 쓰고 페르시안 고양이를 사는 것만큼 쉬운 것이 어디 있을까요? 잠시만요. 글에는 주제가 있어야 합니다. 저의 경우에는 유명한 남성이 쓴 소설에 대한 것이었습니다. 이 리뷰를 작성하는 과정에서 저는 한 유령과 싸워야 한다는 사실을 깨달았습니다. 그 유령은 여성이었고 그 여성에 대해 이해할 수 있게 되자 저는 그녀를 '집안의 천사'라는 유명한 시의 여주인공으로 불렀습니다. 그녀는 제가 서평을 쓸 때 저와 제 글에 종종 나타나곤 했습니다. 저를 방해하고, 제 시간을 낭비하고, 저를 너무 괴롭혀서 제가 결국에는 그녀를 죽여 버렸습니다.

What could be easier than to write articles and to buy Persian cats with the profits? But wait a moment. Articles have to be about something. Mine, I seem to remember, was about a novel by a famous man. And while I was writing this review, I discovered that if I were going to review books I should need to do battle with a certain phantom. And the phantom was a woman, and when I came to know her better I called her after the heroine of a famous poem, The Angel in the House. It was she who used to come between me and my paper when I was writing reviews. It was she who bothered me and wasted my time and so tormented me that at last I killed her.

더 젊고 행복한 세대의 분들은 집안의 천사에 대해 들어보지 못해서 그것이 무엇을 의미하는지 모를 것입니다. 그녀에 대해 최대한 짧게 말씀드려 볼게요. 그녀는 심하게 동정적입니다. 그녀는 상당히 매력적입니다. 그녀는 순전히 이타적입니다. 그녀는 가정사의 어려움을 통달했습니다. 그녀는 매일 자신을 희생했습니다. 닭이 있을 때 그녀는 다리를 챙겼습니다. 가뭄이 올 때 그녀는 떠나지 않았습니다 — 짧게 말하면 그녀는 타인의 생각과 욕망을 동정하느라 자신의 그것을 생각하거나 욕망하지 못하도록 설계되었습니다. 무엇보다도 그녀는 제가 더 말할 것도 없이 순결합니다. 그녀의 순결은 그녀의 주된 아름다움입니다. — 그녀의 부끄러워함, 그녀의 위대한 우아함 말이지요. 빅토리아 여왕 말기였던 당시 모든 가정에는 각자의 천사가 존재했습니다.

You who come of a younger and happier generation may not have heard of her--you may not know what I mean by the Angel in the House. I will describe her as shortly as I can. She was intensely sympathetic. She was immensely charming. She was utterly unselfish. She excelled in the difficult arts of family life. She sacrificed herself daily. If there was chicken, she took the leg if there was a draught she sat in it--in short she was so constituted that she never had a mind or a wish of her own, but preferred to sympathize always with the minds and wishes of others. Above all--I need not say it---she

was pure. Her purity was supposed to be her chief beauty--
-her blushes, her great grace. In those days--the last of
Queen Victoria--every house had its Angel.

제가 글을 쓸 때 첫 단어에서부터 그녀를 맞닥뜨렸습
니다. 그녀의 날개의 그림자는 저의 글에 드리워졌습니
다. 그녀의 치마가 바스락거리는 소리가 제 방에서 들렸
습니다. 제가 유명한 남성의 소설 서평을 작성하고자 펜
을 손에 가져갔을 때 그녀는 제 뒤에 다가와 속삭였습니
다. "얘야, 너는 어린 여인이야. 너는 남성이 쓴 책에 대해
쓰고 있어. 동정적으로, 부드럽게, 겸손하게, 우리 성性이
갖고 있는 모든 수단과 방법을 동원해 속여. 네가 스스로
생각할 수 있는 존재라는 것을 그 누구도 절대 추측할 수
없도록 해야 해. 무엇보다도 순결해야 해." 그리고 그녀는
제 펜을 이끌려 했습니다.

And when I came to write I encountered her with the
very first words. The shadow of her wings fell on my page
I heard the rustling of her skirts in the room. Directly,
that is to say, I took my pen in my hand to review that
novel by a famous man, she slipped behind me and

whispered "My dear, you are a young woman. You are writing about a book that has been written by a man. Be sympathetic be tender flatter deceive use all the arts and wiles of our sex. Never let anybody guess that you have a mind of your own. Above all, be pure." And she made as if to guide my pen.

이제 제가 어느 정도 자랑스럽게 여기는 행위에 대해 말씀드리고자 합니다. 물론 제가 저의 매력에만 의존하여 살지 않아도 되도록 일 년에 500파운드 정도의 돈을 남겨 준 훌륭한 조상들의 덕이겠지만요. 저는 그녀를 향해 돌아 그녀의 목을 잡았습니다. 그리고 그녀가 죽을 때까지 온 힘을 동원했습니다. 이것으로 법정에 소환된다면 저는 정당방위였다고 해명할 것입니다. 제가 그녀를 죽이지 않았다면 그녀가 저를 죽였을 테니까요. 그녀는 제 글의 심장을 뽑아냈습니다. 저는 종이에 펜을 직접 올려놓는 순간 자신만의 생각을 갖지 않고, 인간관계와 도덕, 성에 대한 진실된 생각을 표현하지 않고서는 소설에 대한 서평조차 작성할 수 없다는 것을 깨달았습니다. 그리고 이 모든 질문은 집안의 천사에 의하면 여성에 의해서는 자유롭고 공개적으로 다루어질 수 없습니다 여성이 성공하기 위해서는 매력적이고, 다정해야 하며, 직설적으로 표현하자면 거짓말을 해야 하기 때문이지요. 따라서, 그녀의 날개 혹은 그녀의 기운이 제 글에 느껴질 때마다 저는 잉크 통을 들어 그녀에게 던졌습니다. 그녀는 처참히 죽었습니다.

I now record the one act for which I take some credit to myself, though the credit rightly belongs to some excellent ancestors of mine who left me a certain sum of money--shall we say five hundred pounds a year?--so that it was not necessary for me to depend solely on charm for my living. I turned upon her and caught her by the throat. I did my best to kill her. My excuse, if I were to be had up in a court of law, would be that I acted in self-defence. Had I not killed her she would have killed me. She would have plucked the heart out of my writing. For, as I found, directly I put pen to paper, you cannot review even a novel without having a mind of your own, without expressing what you think to be the truth about human relations, morality, sex. And all these questions, according to the Angel of the House, cannot be dealt with freely and openly by women they must charm, they must conciliate, they must--to put it bluntly--tell lies if they are to succeed. Thus, whenever I felt the shadow of her wing or the radiance of her halo upon my page, I took up the inkpot and flung it at her. She died hard.

그녀의 가식적 본성은 자신에게 큰 자산이었습니다. 유령을 죽이는 것은 현실을 죽이기보다 어렵지요. 제가 그녀를 해치웠다고 생각했을 때 그녀는 항상 스멀스멀 돌아왔습니다. 제가 그녀를 종국에는 죽였다고 여기지만 그 투쟁은 힘겨웠습니다. 그리스 문법을 배우는 데 들어갔을 시간이 허비되었고, 세계모험을 다니는 데 들어갔을 시간이 허비되었습니다. 그러나 이는 진정한 경험이었습니다 이는 당시의 모든 여성 작가들에게 닥쳤을 경험이었습니다. 집안의 천사를 죽이는 것은 여성 작가로서의 직업을 갖는데 필요한 부분이었으니까요.

Her fictitious nature was of great assistance to her. It is far harder to kill a phantom than a reality. She was always creeping back when I thought I had despatched her. Though I flatter myself that I killed her in the end, the struggle was severe it took much time that had better have been spent upon learning Greek grammar or in roaming the world in search of adventures. But it was a real experience it was an experience that was bound to befall all women writers at that time. Killing the Angel in the House was part of the occupation of a woman writer.

제 이야기를 계속하자면, 천사는 죽었습니다. 그러면 무엇이 남았을까요? 남은 것은 단순하고 일반적인 물체 — 침실에서 잉크 통을 든 소녀 — 라 할 수도 있겠습니다. 다시 말하면 거짓을 제거한 소녀에게 남은 것은 그녀 자신밖에 없다는 것이지요. 그렇다면 "그녀 자신"이라는 것은 무엇일까요? 여자란 무엇입니까? 단언컨대 저는 모릅니다. 여러분들이 알 것이라 믿지도 않습니다. 저는 그 누구도 그녀가 인간이 할 수 있는 모든 분야의 예술과 전문분야에서 자신을 표현하기 전까지는 그것을 알지 못할 것으로 생각합니다. 그것이 제가 여성이 무엇인지에 대한 각자의 실험을 통해 성공과 실패의 매우 중요한 정보를 나누는 과정에 있는 여러분들과 함께하는 이유 중 하나입니다.

But to continue my story. The Angel was dead what

then remained? You may say that what remained was a simple and common object--a young woman in a bedroom with an inkpot. In other words, now that she had rid herself of falsehood, that young woman had only to be herself. Ah, but what is "herself"? I mean, what is a woman? I assure you, I do not know. I do not believe that you know. I do not believe that anybody can know until she has expressed herself in all the arts and professions open to human skill. That indeed is one of the reasons why I have come here out of respect for you, who are in process of showing us by your experiments what a woman is, who are in process Of providing us, by your failures and successes, with that extremely important piece of information.

저의 전문 경험에 대한 이야기를 이어나가겠습니다. 저는 첫 서평을 통해 1파운드 10실링 6펜스를 벌었고, 페르시안 고양이를 구매했습니다. 그러자 저의 야망은 커졌습니다. 페르시안 고양이는 아주 좋지만 저는 저 자신에게 페르시안 고양이로는 충분하지 않다고 이야기했습니다. 자동차가 꼭 갖고 싶었지요. 그렇게 저는 소설가가 되

143
버지니아 울프

었습니다. 사람들은 아주 이상하게도 어떤 이야기를 해주니까 자동차를 주더군요. 이야기를 전하는 것만큼 세상에서 즐거운 일이 없다는 점은 더욱 이상합니다. 유명한 소설에 대한 서평을 쓰는 것보다 훨씬 즐겁지요. 하지만 소설가로서의 전문 경험에 대하여 이야기해달라고 한 여러분 사무장의 요청에 따라 저는 소설가로서 마주한 매우 이상한 경험에 관해서 이야기해보려 합니다. 그리고 이 이야기를 이해하려면 소설가가 사고하는 법에 대해서 상상을 해보셔야 합니다.

But to continue the story of my professional experiences. I made one pound ten and six by my first review and I bought a Persian cat with the proceeds. Then I grew ambitious. A Persian cat is all very well, I said but a Persian cat is not enough. I must have a motor car. And it was thus that I became a novelist--for it is a very strange thing that people will give you a motor car if you will tell them a story. It is a still stranger thing that there is nothing so delightful in the world as telling stories. It is far pleasanter than writing reviews of famous novels. And yet, if I am to obey your secretary and tell you my professional experiences as a novelist, I must tell you about a very strange experience that befell me as a novelist. And to understand it you must try first to imagine a novelist's state of mind.

소설가의 최고 욕망은 최대한 무의식의 상태에 있는 것이라는 업계 비밀을 퍼뜨리면 안 되는데요. 소설가는 끊임없는 무기력의 상태에 본인을 두어야 합니다. 그는 극도로 평온하고 정기적인 삶을 원합니다. 그는 그가 사는 환상이 깨지지 않도록 글을 쓰는 매일, 매달 같은 얼굴을 보고 같은 책을 읽으며 같은 일을 해나가기를 원합니다. 둥글고, 날카로우며, 빠르고 급한 발견이 이루어지는 매우 수줍고 환상의 정신인 상상력이 방해받지 않도록 말이지요. 저는 이러한 상태가 남성과 여성 모두에게 같다고 확신하지는 못합니다. 하지만 이런 트랜스 상태에서 소설을 쓰는 저를 상상해보시기 바랍니다.

I hope I am not giving away professional secrets if I say that a novelist's chief desire is to be as unconscious as possible. He has to induce in himself a state of perpetual lethargy. He wants life to proceed with the utmost quiet and regularity. He wants to see the same faces, to read the same books, to do the same things day after day, month after month, while he is writing, so that nothing may break the illusion in which he is living — so that nothing may disturb or disquiet the mysterious nosings about, feelings round, darts, dashes and sudden discoveries of that very shy and illusive spirit, the imagination. I suspect that this state is the same both for men and women. Be that as it may, I want you to imagine me writing a novel in a state of trance.

한 손에 펜을 들고 펜을 잉크 통에 담그지 못한 채 한참을 앉아있는 한 소녀가 되었다고 상상해보십시오. 이 소녀를 떠올릴 때 저는 깊은 호수에서 물 밖으로 낚싯대를 꺼내 들고 있는 꿈에 빠진 낚시꾼이 떠오릅니다. 그녀는 자신의 상상력이 무의식이라는 깊은 곳에 존재하는 모든 바위와 구멍을 방해받지 않고 헤집고 다니도록 하고 있는 것입니다. 이제 남성 작가들보다 여성 작가들에게서 훨씬 일반적으로 나타나는 경험이 등장합니다. 그녀의 손가락 사이로 한 줄이 빠져나갑니다. 그녀의 상상력이 달아난 것입니다. 그것은 가장 큰 물고기들이 잠들어있는 어둡고 깊은 웅덩이가 있는 곳까지 여행했습니다. 그러더니 박살 나 버렸습니다. 폭발이 발생한 것입니다. 거품과 혼돈이 남았지요. 상상은 무언가 단단한 것에 강하게 부딪혔습니다. 소녀는 자신의 꿈에서 깼습니다. 그녀는 가장 날카롭고 힘든 괴로움의 상태가 되어버렸습니다. 자신이 신체와 열망에 대해 든 생각을 비유 없이 표현하는 것이 여성으로서 할 수 없기 때문입니다.

I want you to figure to yourselves a girl sitting with a pen in her hand, which for minutes, and indeed for hours, she never dips into the inkpot. The image that comes to my mind when I think of this girl is the image of a fisherman lying sunk in dreams on the verge of a deep lake with a rod held out over the water. She was letting her imagination sweep unchecked round every rock and cranny of the world that lies submerged in the depths of our unconscious being. Now came the experience, the experience that I believe to be far commoner with women writers than with men. The line raced through the girl's fingers. Her imagination had rushed away. It had sought the pools, the depths, the dark places where the largest fish slumber. And then there was a smash. There was an explosion. There was foam and confusion. The imagination had dashed itself against something hard. The girl was roused from her dream. She was indeed in a state of the most acute and difficult distress. To speak without figure she had thought of something, something about the body, about the passions which it was unfitting for her as a woman to say.

남성들은 이러한 이유를 이야기하면 충격을 받을 것입니다. 그녀의 열망에 대한 진심을 이야기하는 것에 대해 남성들이 어떻게 이야기할 것인지 의식하는 순간 그녀는 예술가로서의 무의식의 상태에서 깨버리게 됩니다. 그녀는 더 이상 글을 쓰지 못합니다. 트랜스는 끝났습니다. 그녀의 상상은 더 이상 작동하지 않습니다. 이는 여성 작가들 사이에서 매우 일반적으로 나타난다고 믿습니다. 다른 성별의 극단적 인습에 막히는 것이지요. 남성들은 이러한 관점에서 매우 자유롭게 자신들을 표현하도록 허용하지만 동시에 자신들이 가하는 여성의 자유에 대한 억압이 얼마나 극심한지를 인지하거나 조절하지 못할 것으로 생각합니다.

Men, her reason told her, would be shocked. The consciousness of--what men will say of a woman who speaks the truth about her passions had roused her from her artist's state of unconsciousness. She could write no more. The trance was over. Her imagination could work no longer. This I believe to be a very common experience with women writers — they are impeded by the extreme conventionality of the other sex. For though men sensibly allow themselves great freedom in these respects, I doubt that they realize or can control the extreme severity with which they condemn such freedom in women.

이 두 가지가 저의 매우 고유한 경험들입니다. 제 전문직 삶에서의 두 가지 모험이었습니다. 첫째로 집안의 천사를 죽이는 일은 제가 해결한 것 같습니다. 그녀는 죽었어요. 하지만 두 번째로 저 자신의 신체에 대해 진실한 이야기를 하는 것은 아직 해결하지 못한 것 같습니다. 그 어떤 여성도 아직 해결하지 못했을 것입니다. 그녀가 맞이해야 하는 장애물은 매우 강력하고 정의하기도 매우 어렵습니다. 겉으로 보기에 책 쓰는 것만큼 단순한 것이 어디 있을까요? 겉으로 보기에 남성이 아닌 여성에게만 존재하는 장애물이 어디 있을까요? 안을 들여다보면 매우 달라집니다. 그녀에게는 아직도 싸워야 하는 수많은 유령과 극복해야 할 편견들이 존재합니다. 여성이 죽여야 할 유령을 발견하거나 부딪쳐야 할 바위가 없는 상태에서 글을 쓸 수 있는 때가 오려면 아직 멀었을 것입니다. 그리고 이것이 여성이 가질 수 있는 모든 직종 중 가장 자유롭다는 문학계의 상황이라면 여러분들이 처음 들어가는 새로운 전문분야에서는 어떨까요?

These then were two very genuine experiences of my own. These were two of the adventures of my professional life. The first--killing the Angel in the House--I think I solved. She died. But the second, telling the truth about my own experiences as a body, I do not think I solved. I doubt that any woman has solved it yet. The obstacles against her are still immensely powerful--and yet they are very difficult to define. Outwardly, what is simpler than to write books? Outwardly, what obstacles are there for a woman rather than for a man? Inwardly, I think, the case is very different she has still many ghosts to fight, many prejudices to overcome. Indeed it will be a long

time still, I think, before a woman can sit down to write a
book without finding a phantom to be slain, a rock to be
dashed against. And if this is so in literature, the freest of
all professions for women, how is it in the new professions
which you are now for the first time entering?

제가 시간이 있다면 여러분들에게 그런 질문들을 던져
보고 싶습니다. 저는 저의 이런 전문 경험에서의 문제들
이 다른 형태로라도 여러분들의 경험과 같을 것으로 생각
하여 강조해 말씀드렸습니다. 여성이 의사나 변호사, 공
직자가 되지 못하도록 막지 않기에 명목상으로는 길이 열
려있더라도 수많은 유령과 장애물들이 그녀의 길에 나타
날 것입니다. 그것들을 정의내리고 이야기하는 것은 굉장
한 가치와 중요성을 갖는다고 믿습니다. 그렇게 짐을 나
누고 문제를 해결할 수 있습니다. 하지만 이 외에도 이런
어마어마한 장애물과 싸움을 통해 우리가 이루고자 하는
목표와 성과에 대해 논의할 필요가 있습니다. 이런 목표
들은 당연시되어서는 안 됩니다. 끊임없는 질문을 통해
평가받아야 합니다.

Those are the questions that I should like, had I time,

to ask you. And indeed, if I have laid stress upon these professional experiences of mine, it is because I believe that they are, though in different forms, yours also. Even when the path is nominally open--when there is nothing to prevent a woman from being a doctor, a lawyer, a civil servant--there are many phantoms and obstacles, as I believe, looming in her way. To discuss and define them is I think of great value and importance for thus only can the labour be shared, the difficulties be solved. But besides this, it is necessary also to discuss the ends and the aims for which we are fighting, for which we are doing battle with these formidable obstacles. Those aims cannot be taken for granted they must be perpetually questioned and examined.

지금 이 강당을 여성으로서 역사상 처음으로 진출한, 얼마나 다양한지 셀 수도 없는, 직종에 종사하는 이들이 가득 채웠다는 것만으로도 놀라운 이해와 중요성이 있습니다. 여러분들은 남성들이 독점적으로 소유하던 집에서 자기만의 방을 쟁취해냈습니다. 여러분들은, 물론 엄청난 노동과 노력을 통해, 집세를 낼 수 있습니다. 여러분들은 연 500파운드를 벌고 있습니다. 하지만 이러한 자유는 시작일 뿐입니다. 방은 여러분들의 것이지만 아직 비어있습니다. 가구가 들어오고 꾸며져야 하며 공유되어야 합니다. 어떻게 꾸밀 것인가? 누구와 어떻게 나눌 것인가? 이러한 질문들이 가장 중요하고 큰 이해를 갖는 질문들이라 생각합니다. 역사상 처음으로 여러분들은 이러한 질문을 할 수 있게 되었습니다. 역사상 처음으로 여러분들은 자신에게 그 답이 무엇이야 하는지 결정할 수 있습니다. 저는 기꺼이 이러한 질문과 답에 대해 논하고 싶습니다만 오늘 밤은 안 되겠네요. 제시간은 끝났고 이만 마칩니다.

The whole position, as I see it--here in this hall surrounded by women practising for the first time in history I know not how many different professions--is one of extraordinary interest and importance. You have won rooms of your own in the house hitherto exclusively owned by men. You are able, though not without great labour and effort, to pay the rent. You are earning your five hundred pounds a year. But this freedom is only a beginning--the room is your own, but it is still bare. It has to be furnished it has to be decorated it has to be shared. How are you going to furnish it, how are you going to decorate it? With whom are you going to share it, and upon what terms? These, I think are questions of the utmost importance and interest. For the first time in history you are able to ask them for the first time you are able to decide for yourselves what the answers should be. Willingly would I stay and discuss those questions and answers--but not to-night. My time is up and I must cease.

CHAPTER 6

The War is Won,
But the Peace is Not

앨버트 아인슈타인
Albert Einstein
1879. 3. 14. ~ 1955. 4. 18.

THE WAR IS WON, BUT THE PEACE IS NOT

#평화 #기술 #책임

1945년 12월 10일, 뉴욕 아스터 호텔에서 열린 제5회 노벨상 만찬. 불과 4개월 전, 미국이 히로시마와 나가사키에 핵폭탄을 투하하며 제2차 세계대전이 끝난 시점. 저명한 학자가 죄책감을 안고 연단에 오른다. 다이너마이트를 발명한 노벨의 죄책감과 자신의 죄책감을 비교한 학자는 전쟁 전후에 인류가 크게 달라진 적이 없다는 것을 지적한다. "전쟁은 승리했지만, 평화는 그렇지 않습니다."

앨버트 아인슈타인

앨버트 아인슈타인. 천재의 동의어. 상대성 이론과 세상에서 가장 유명한 공식 'E=MC²'의 아버지. 물리학은 아인슈타인 이전과 이후로 나뉜다고 해도 과언이 아닐 것이다. 하지만 그의 업적이나 어렸을 때 지진아였다가 천재 물리학자가 된 서사 등이 잘 알려져 있지만, 그의 철학이나 실제 삶에 관한 이야기는 사람들이 관심을 많이 두지 않는다. 본 연설은 물리학자로서 그리고 인류사회의 한 구성원으로서의 철학이 담겨있다.

1879년 3월 14년 독일의 유대인 집안에서 태어난 아인슈타인은 어려서부터 수학과 물리학에 관심이 많았다. 당시의 주입식 교육방식에 따분함을 느낀 그는 학교를 제대로 나가지 않았지만, 독학을 통해 지식을 쌓아나갔다. 학교를 제대로 나가지 않았던 데에다 아버지 사업도 어려워지면서 학업 생활이 평탄치 않았는데, 고등학교까지 자퇴하면서 학위도 없고, 딱히 쓸 만한 기술도 없이 사회에 나갈 위기에 처했다. 다행히 스위스에서는 검정고시와 비슷한 방식을 통해 학업을 계속할 기회가 주어져 그곳에서 학업을 이어갔다.

물리학자로서의 아인슈타인은 1900년 학업을 마치고

학교에 더 이상 얽매이지 않으며 꽃피기 시작했다. 1902년 스위스의 특허 사무실에서 일하면서 이론물리학에 관한 연구를 이어갔고, 지속적으로 논문을 발표했다. '기적의 해'라 불리는 1905년 논문들을 발표하며 취리히 대학에서 박사학위를 취득했는데, 그의 논문들은 최초에 물리학계에서 주목받지 못하다 양자역학의 창시자이자 저명한 물리학자 막스 플랑크가 아인슈타인의 논문에 찬사를 보내기 시작하면서 인정을 받기 시작했다. 1909년 취리히 대학의 교수로 취임한 아인슈타인은 본격적으로 연구 활동에 돌입하는데, 1916년 발표한 일반상대성이론은 1921년 그에게 노벨 물리학상을 안겨주었다.

아인슈타인의 물리학적 업적은 여기서 굳이 더 다룰 필요는 없어 보이고, 잘 다루어지지 않는 아인슈타인의 행동하는 양심에 대해 이야기해보고자 한다.

어려서부터 평화주의에 심취했던 아인슈타인은 1896년 독일 군입대를 거부하기 위해 독일 시민권을 포기했다. 당시 세계는 유럽 열강들이 중심이 된 신제국주의의 소용돌이에 빠지면서 경쟁적 식민지 확장과 영토 분할이 활발하게 진행되고 있었다. 군비 충당 및 힘의 균형 유지를 위해 군비경쟁과 식민들에 대한 착취도 심화하였으며, 전선이 확대된 만큼 정치적 · 군사적 불안정성도 심화하였다. 결국 1914년 6월 28일 사라예보의 총성[1]으로 유럽을 중심으로 제1차 세계대전이 발발하게 되었는데, 이때 아인슈타인의 친구 프리츠 하버Fritz Haber 등 독일의 가장 저명한 지식인 93인은 독일의 군국주의와 군사적 행동을 지지하고 정당화하는 풀다 선언Fulda Manifesto을 발표하는데, 아인슈타인은 참여 제안을 거절했을 뿐 아니라 자신과 뜻을 같이하는 소수의 지식인들과 함께 반대 선언문을 발표했다. 반대선언문에는 종전뿐 아니라 유럽 각국을 견제할 수 있는 유럽연합기구의 설립을 촉구했다. 당시 독일 베를린의 카이저 빌헬름연구소Kaiser Wilhelm Institute에서 재직 중이었기에 많은 것을 잃을 수 있는 위험에도 그는 양심을 택한 것이다.

1918년 11월 11일 독일이 휴전협정에 서명하며 제1차

---

1) 사라예보의 총성. 1914년 6월 28일 오스트리아-헝가리 제국의 황태자 프란츠 페르디난트(Franz Ferdinand)와 황태자비 조피 초테크(Sophie Chotek)가 사라예보에서 세르비아계 학생 가브릴로 프린치프(Gavrilo Princip)에게 암살된 사건. 이 사건이 도화선이 되어 이른바 삼국동맹(독일, 오스트리아, 이탈리아) 세력과 삼국협상(영국, 프랑스, 러시아) 세력이 충돌하고 다른 국가들도 빨려 들어가며 제1차 세계대전이 발발한다.

세계대전은 마무리되었지만, 세계는 전후 보상 및 전후 세계 질서를 설정하는 베르사유 조약Treaty of Versailles 을 통해 새로운 국면을 맞이했다. 조약은 독일에 전쟁에 대한 모든 책임을 지고 제국해체와 무장해제, 전쟁 배상금 지급을 강제했다. 특히 배상금의 규모는 1,320억 마르크로 오늘날로 치면 4,420억 불 규모에 달해 독일을 회생불능으로 만들기 위한 조치라는 평가를 받을 정도였다. 이러한 조치에 반발한 독일에서는 국가사회주의 노동자당, 이른바 나치당이 탄생했다.

나치는 베르사유조약을 거부함과 동시에 반유대주의, 민족주의, 군국주의의 부활, 전체주의 등을 내세웠다. 패배주의에 빠진 독일 시민들에게 과거의 영광에 대한 향수와 동시에 경제적으로 도탄에 빠진 대중들에게 혐오의 대상을 던져주는 전략을 택한 것이다. 오래도록 금융업혹은 고리대금업 에 종사하고 민족의 문화를 고수해온 유대인들은 오래도록 유럽에서 경멸의 대상이었다. 민족국가Nation State 의 개념이 탄생하고, 세계대전 직후 민족주의가 전 세계적으로 빠르게 확대되던 터라 전 세계적으로 유대인에 대한 혐오 정서는 더욱 강화되었다. 나치당은 경제적 어려움에 대한 책임을 소수자이자 이미 혐오의 대상이 되고 있던 유대인들에게 씌웠고, 대중은 그들의 주장에 동조했다. 결국, 1932년 총선을 통해 나치가 제1당이 되고, 히틀러는 독일의 수상에 오르며 유대인에 대한 독일인들의 탄압은 본격화되었다.

1933년 미국을 방문하고 있던 아인슈타인은 나치의 집권 소식을 접하고 미국에 망명을 신청하고 미국 생활을 시작했다. 미국에 머물면서 미국 흑인들에 대한 분리·차별 정책에 반대하는 운동에도 참여했고, 평화주의 운동, 동물권 운동 등에 적극적으로 참여했다. 인종차별이 미국에 있는 최악의 질병이라 부르며 흑인 인권운동가들을 보호하기 위해 자신의 숙소를 내어주기도 하고, 동물권 보호를 실천하기 위해 말년에는 채식주의자가 되기도 했다. 사회주의 사상에도 심취해 있었던 그는 자본주의의 폐단을 격렬하게 비판하고 사회주의 단체에도 적극적으로 참여했는데 이 때문에 미국 FBI는 1,427페이지에 달하는 사찰자료를 작성하기도 했다.

1939년 9월 1일 독일의 폴란드 침공으로 세계는 또 하나의 대전을 치르게 되었다. 같은 해, '평화'를 추구하는 자신의 양심에 충실하며 행동해온 그에게 평생의 죄책감을 안겨준 사건이 발생하는데, 나치 독일의 원자폭탄 개발계획을 미국에 알려 미국이 먼저 무기를 완성할 것을 촉구하는 이른바 아인슈타인-실라르드 편지에 서명한 것이다. 아인슈타인은 편지에 명의만을 제공했지만, 당대 가장 저명한 물리학자의 서명은 편지의 공신력과 설득력을 제공하기에 충분했고, 편지를 받은 프랭클린 루스벨트 Franklin D. Roosevelt는 핵무기 개발 착수를 지시하고 이른바 맨해튼 프로젝트Manhattan Project[2]이 시작되었다.

결국, 맨해튼 프로젝트의 결과물로 탄생한 원자폭탄이 1945년 8월 6일 히로시마와 8월 9일 나가사키에 투하되고, 1945년 8월 15일 일본제국이 무조건 항복을 선언하며 제2차 세계대전은 마무리되었다.

수백만의 유대인이 '인종청소'라는 이름으로 학살당하고 미국의 참전 전까지 독일을 중심으로 한 추축국들이 빠르게 유럽과 아시아를 점령해가고 있던 상황에서 나치 독일이 인류의 가장 강력한 무기인 원자폭탄까지 먼저 확

2) 맨해튼 프로젝트. 미국이 주도하고 캐나다와 영국이 참여한 핵폭탄 개발 프로젝트로 1942년부터 1946년까지 비밀리에 진행되었다.

보하게 되었을 경우 벌어질 상황을 고려해보았을 때 아인슈타인의 선택이 과연 잘못되었다고 볼 수 있는지 확신할 수 없다. 하지만, 그 폭탄이 실제로 사용되고서 그 참상에 대해 알게 된 아인슈타인은 사망하기 1년 전인 1954년 라이너스 폴링Linus Pauling에게 그것이 자신이 살면서 저지른 최악의 실수라고 전할 정도로 큰 충격과 죄책감에 빠졌다. 원자폭탄 개발에 참여한 것은 아니지만, 자신의 상대성 이론이 원자폭탄 개발의 기초 개념을 제공했던 것도 무시할 수 없었다.

아인슈타인은 이후 영국의 철학자 버트런드 러셀 Bertrand Russel과 함께 과학 기술의 평화적 이용과 핵무기 사용의 금지를 촉구하는 러셀 아인슈타인 선언Russel Einstein Manifesto[3]를 발표하는 등 적극적으로 핵무기 금지 운동에 참여하다 1955년 4월 18일 사망했다.

본 연설은 제2차 세계대전 종전 직후에 노벨상 만찬에서 발표한 것이다. 다이너마이트를 개발하여 인류의 기술

---

3) 1954년 미국이 남태평양에 위치한 비키니 섬에서 수소폭탄 실험을 한 것에 대해 세계의 저명한 학자 11명이 핵무기 없는 세계와 분쟁의 평화적 해결을 촉구하며 6개국 정상들에게 보낸 편지

발전을 이끈 노벨이 자신의 기술이 살상용으로 활용되는 것에 죄책감을 느끼고 설립한 것이 노벨상이다. 아인슈타인은 원자폭탄이 실전에 활용된 것에 대해 자신과 물리학자들이 느끼는 죄책감을 노벨의 그것에 비교하며 인류에 대한 관대함과 동지애가 없는 과학기술의 발전은 인류의 멸망으로 이어질 것을 경고했다.

동서고금을 막론하고 국가나 문명의 힘은 과학기술의 차이에서 나타났다. 과학기술은 부를 창출하며 삶을 윤택하게 만들어주기도 했지만, 전쟁 등에 활용되며 수많은 이들의 목숨을 앗아가는 데 쓰이기도 했다. 청동기 문명은 철기 문명에 의해 무너졌고, 창과 활은 총기에 무너졌다. 순전히 효율적 살인과 고문의 도구로 기술이 개발되는 경우도 있지만, 선한 의도로 진행된 과학적 발견이 악용되는 경우도 흔하다. 때로는 선한 의도로 개발되어 활용되는 기술이 의외의 부작용으로 이어지며 새로운 피해자를 양산하기도 한다.

'위대한 힘에는 위대한 책임이 따른다.' 영화 '스파이더맨'에 나오는 대사다.

우리가 아인슈타인을 이야기할 때 주로 그의 천재성에 관해서 이야기하지만, 그가 자신의 능력을 이용해 만든 결과물에 대해 얼마나 큰 책임감을 가진 인물이었는지에 대해서는 잘 이야기하지 않는다. 그는 인류의 미래를 결정지을 수 있을 만큼의 능력을 갖추고 있었고, 이를 인류를 위해 사용할 수 있도록 하였으며, 그로 인해 발생한 결과에 대한 책임을 지기 위해 인생을 바쳤다. 이런 리더십은 어느 분야에나 필요하지만, 4차 산업혁명이라 불리는 기술진보의 시대에서 개발자들과 기업에 더 크게 요구되고 있다.

칼은 수술에 사용해 사람을 살릴 수도 있지만, 요리하는데 쓸 수도 있고, 살인의 도구로도 사용할 수 있다. 칼이 살인에 활용된다면 그것은 그것을 살인에 활용한 사람의 잘못이지 칼은 죄가 없다. 마찬가지로 진실에 가까워지고자 하는 과학은 죄가 없다. 과학에 기반하여 그 쓰임을 연구하는 기술도 죄가 없다. 그것을 어떻게 활용하느냐에 대한 인류의 책임만이 있을 뿐이다. 과거 유교 사회처럼 과학기술을 천대하는 것이나 실업 문제의 책임을 기계에 돌려서 기계를 파괴한 영국의 러다이트 운동Luddite

Movement[4)]과 같은 과학기술에 대한 혐오는 그 어떤 것도 해결해주지 못한다.

인류는 그 어느 때보다도 빠르게 기술이 빠르게 발전하는 제4차 산업혁명의 시대에 살고 있다. 다이너마이트나 핵폭탄처럼 대량살상으로 이어지는 것은 아니지만, 많은 전문가들이 현재 진행되는 기술의 발전이 수많은 이들의 일자리를 앗아가는 결과를 낳을 것이라 예측하고 있다. 이미 많은 이들이 자동화 기술의 발전으로 일자리를 이미 잃었거나 잃을 위기에 처해있다. 그렇다면 이런 선의의 피해에 대해서는 누가 어떻게 책임을 져야 하는가?

4차 산업혁명을 이끄는 세계적인 기업가 중에는 자신들이 창출한 힘에 대한 책임을 인지하고 다양한 방법으로 이를 극복하는 데 힘을 보태는 이들이 있다. 워런 버핏과 마크 저커버그 등은 사회 환원을 통해 인류의 문제 해결에 나섰고, 일론 머스크는 사라지는 일자리에 대한 대

---

4) 러다이트 운동. 1811년부터 1817년까지 영국의 직물공업 지대에서 진행된 기계 파괴 운동. 방직기계의 발명으로 수공업이 몰락하자 수공업자 네드 러드(Ned Ludd)라는 인물이 주도하여 비밀결사체를 조직하고 공장의 기계를 부수거나 공장주를 암살하는 행동을 벌이다 결국 정부에 진압되었다.

안으로 보편적 기본소득의 도입을, 빌 게이츠는 일자리를 대체하는 로봇에 대한 세금 부과를 제안하고 나섰다. 이들은 자신들의 부와 기술이 인류에게 최대한 건설적인 방향으로 활용될 수 있도록 사회적 책임을 다하기 위해 노력 중이다.

힘에 대한 책임은 비단 사회 지도층에게만 적용되는 것이 아니다. 기술과 민주주의의 발전으로 혜택을 입은 일반 시민들도 자신이 가진 힘의 책임에 대한 고민이 필요하다. 메신저 서비스를 이용해 성性 착취물을 공유하는 이들부터 댓글을 통해 누군가의 인생을 파괴하는 이들까지 우리는 초연결 시대에 단지 그럴 힘이 있다고 해서 그것을 폭력적으로 행사하는 사람들을 심심치 않게 목격한다. 자유의 크기가 커진 만큼 책임 의식이 희석되어 버린 것이다.

아인슈타인이 연설에서 강조한 '알프레드 노벨의 정신 — 인류의 관대함과 동지애에 대한 믿음과 확신'이 점차 줄어들고 있는 시대에 살고 있는 것처럼 느껴지는 것도 사실이다.

그럼에도 불구하고, 아인슈타인이 경고한 것처럼 인류가 멸망에 이를 것이라 확신하기는 이르다. 우여곡절을 겪으면서도 인류 문명은 과거보다는 더 많은 이들과 공존할 수 있는 방식을 찾았고, 그 과정이 더딜지라도, 그 과정에 아무리 많은 시행착오가 있더라도, 더 나은 사회를 만들기 위해 노력할 것이기 때문이다. 그런 희망을 안고, 책임 의식을 느끼는 사람들이 우리 사회에 존재하는 한 인류의 멸망은 오지 않으리라 믿는다.

THE WAR IS WON, BUT THE PEACE IS NOT
연설

올해 노벨 기념행사는 특별한 의미가 있습니다. 수년 간의 끔찍한 난관을 겪은 후 우리는 다시 평화를 되찾았 습니다. 적어도 우리는 이를 평화라 여겨야 하겠지요. 그 리고 이는 여기에 핵폭탄의 사용이 가능토록 직·간접적 으로 연결된 물리학자들에게는 더욱 특별한 의미가 있습 니다.

The Nobel Anniversary celebration takes on a special significance this year. Well after our deadly struggle of many years, we are at peace again or what we are supposed to consider as peace. And it bears a still more significant significance for the physicists who, in one way or another, were connected with the construction of the use of the atomic bomb.

이 물리학자들은 자신들이 알프레드 노벨과 다르지 않은 위치에 있다는 것을 알고 있습니다. 알프레드 노벨은 당대에 가장 강력한 폭발물을 발명하였습니다. 파괴적으로 완벽했습니다. 이에 대해 속죄하고 자신의 인간적 양심의 가책을 덜기 위해, 그는 평화의 증진과 달성을 위한 상을 만들었습니다.

For these physicists find themselves in a position not unlike to that of Alfred Nobel himself. Alfred Nobel invented the most powerful explosive ever known up to his time, a means of destruction par excellence. In order to atone for this, in order to relieve his human conscience, he instituted his awards for the promotion of peace and for achievements of peace.

오늘날 역대 가장 가공할 그리고 위험한 무기를 만드는 데 참여한 물리학자들은 같은 책임 의식과 죄책감에 고통받고 있습니다. 우리는 경고하고 또 경고하기를 멈출 수 없습니다. 우리는 세계 각국, 특히 그 정부들이 서로에 대한 관계와 미래를 설계하는데 견지한 태도를 바꾸지 않는 이상 일으키게 될 형언할 수 없는 재앙에 대해 인지하도록 하기 위한 노력을 게을리해서는 안 됩니다.

Today, the physicists who participated in forging the most formidable and dangerous weapon of all times are harassed by an equal feeling of responsibility, not to say guilt. We cannot desist from warning, and warning again, we cannot and should not slacken in our efforts to make the nations of the world, and especially their governments, aware of the unspeakable disaster they are certain to provoke unless they change their attitude toward each other and toward the task of shaping the future.

우리는 인류의 적이 이 무기를 우리보다 먼저 만드는 것을 막기 위해 도움을 주었습니다. 나치의 정신은 나머지 세계에 상상 불가의 파괴와 노예화를 의미했기 때문입니다.

We helped in creating this new weapon in order to prevent the enemies of mankind from achieving it ahead of us, which, given the mentality of the Nazis, would have meant inconceivable destruction and the enslavement of the rest of the world.

우리는 인류 전체를 책임지고 평화와 자유를 위해 싸워줄 미국과 영국의 손에 이 무기를 넘겼습니다. 하지만 아직 우리는 어떠한 평화의 보장도 확인하지 못하였습니다. 우리는 대서양 헌장의 국가들에 약속된 자유가 보장됨을 보지 못하였습니다. 전쟁은 승리했지만, 평화는 그렇지 않습니다.

We delivered this weapon into the hands of the Americans and the British people as trustees of the whole [of] mankind, as fighters for peace and liberty. But so far, we fail to see any guarantee of peace. We do not see any guarantee of the freedoms that were promised to the nations in the Atlantic Charter. The war is won, but the peace is not.

싸움에 함께한 열강들은 현재 평화 협정을 두고 분열했습니다.

The great powers, united in fighting, are now divided over the peace settlements.

세계는 두려움으로부터의 자유를 약속받았지만, 두려움은 종전 이후 어마어마하게 증가했습니다.

The world was promised freedom from fear, but in fact fear has increased tremendously since the termination of the war.

세계는 욕구로부터의 자유를 약속받았지만, 누군가는 풍족하게 살아가는 동안 세계의 상당 부분은 굶주립니다.

The world was promised freedom from want, but large parts of the world are faced with starvation while others are living in abundance.

국가들은 자유와 정의를 약속받았지만, 우리는 지금도 해방군이 독립과 사회적 평등을 원하는 사람들을 향해 발포하는 슬픈 광경을 목격하고 있습니다. 그리고 그 국가들을 군과 무기로 지원하는 집단과 개인은 기득권의 이익에 가장 부합하는 것으로 보입니다.

The nations were promised liberation and justice but we have witnessed, and are witnessing even now, the sad spectacle of liberating armies firing into populations who want their independence and social equality, and supporting in those countries, by force of arms, such parties and personalities as appear to be most suited to serve vested interests.

영토의 문제와 권력다툼은 아무리 한물가더라도, 공공복지와 정의라는 필수적 요구보다 우선시됩니다.

Territorial questions and arguments of power, obsolete though they are, still prevail over the essential demands of common welfare and justice.

일반적인 상황의 한 증상에 대해 더 구체적인 예를 들겠습니다 제가 속한 유대인들에 관한 이야기입니다. 나치의 폭력이 유대인들에게만 혹은 유대인들을 위주로 자행되었을 때 나머지 세계는 소극적으로 바라보았습니다 명백한 범죄 정부인 제 3제국과 조약과 협약을 맺기까지 했습니다. 히틀러가 후에 루마니아와 헝가리를 점령하게 되었을 때, 마이데넥과 오시비엥침이 연합군의 손에 들어가고 전 세계에 가스실의 활용이 널리 알려졌음에도 루마니아와 헝가리의 유대인들을 구하고자 하는 어떠한 시도도 없었습니다. 팔레스타인은 유대인 이민자들에 문을 닫아버렸고, 그 어떤 나라도 이 버림받은 사람들을 받아들이려고 하지 않았기에 유대인들은 점령국들에 남겨진 자신들의 형제, 자매들과 마찬가지로 비명횡사하도록 버려졌습니다.

Allow me to be more specific about just one case, which is but a symptom of the general situation the case of my own people, the Jewish people. As long as Nazi violence was unleashed only, or mainly, against the Jews, the rest of the world looked on passively and even treaties and agreements were made with the patently criminal government of the Third Reich. Later, when Hitler was on the point of taking over Romania and Hungary, at the time when Maidanek and Oswiecim were in Allied hands, and the methods of the gas chambers were well known all over the world, all attempts to rescue the Romanian and Hungarian Jews came to naught because the doors of Palestine were closed to Jewish immigrants and no country could be found that would admit those forsaken people. They were left to perish like their brothers and sisters in the occupied countries.

스칸디나비아와 네덜란드, 스위스 같은 작은 국가들의 노력과 유럽의 점령지에서 유대인들의 목숨을 보호하기 위해 힘닿는 데까지 모든 노력을 기울여준 개인들의 영웅적 노력을 절대 잊어서는 안 됩니다. 우리는 나치군이 폴란드를 침공할 때 수십만 명의 유대인들에게 국경을 열어준 유일한 강대국인 소련의 인도주의적 태도를 잊지 않았습니다.

We shall never forget the heroic efforts of the small countries, of the Scandinavian, the Dutch, the Swiss nations, and of individuals in the occupied parts of Europe who did all in their power to protect Jewish lives. We do not forget the human[e] attitude of the Soviet

Union who was the only one among the big powers to open her doors to hundreds of thousands of Jews when the Nazi armies were advancing in Poland.

하지만 이 모든 일이 벌어지도록 내버려 두고 난 후, 오늘날 어떻게 되었나요?

But after all that had happened, and was not prevented from happening -- how is it today?

유럽의 영토가 그곳 사람들의 의사와 관계없이 분배되고 있을 때, 살아남은 유럽 유대인의 1/5에 해당하는 인구는 팔레스타인으로의 피난을 거부당했고 굶주림과 추위, 그리고 계속된 적대적 환경에 놓였습니다. 오늘까지도 이들에게 평화롭고 안전하게 살 수 있는 공간을 제공하는 국가는 없습니다. 그들의 상당수가 아직도 동맹국들의 보호 수용소라는 모멸적 환경에 남겨져 있다는 사실은 상황의 추잡함과 절망스러움을 충분히 뒷받침합니다.

While in Europe territories are being distributed without any qualms about the wishes of the people concerned, the remainders of European Jewry, one-fifth of its prewar population, are again denied access to their haven in Palestine and left to hunger and cold and persisting hostility. There is no country, even today, that would be willing or able to offer them a place where they could live in peace and security. And the fact that many of them are still kept in degrading conditions of concentration camps by the Allies gives sufficient evidence of the shamefulness and hopelessness of the situation.

이들이 팔레스타인에 들어가지 못하는 이유가 민주주의의 원칙에 근거해서라고 하지만, 백서에 의하면 서구 열강들이 영토가 넓고 인구밀도가 낮은 다섯 아랍 국가들의 외부적 위협과 압력 때문에 금지한다고 합니다. 영국의 외무부 장관이 유럽의 유대인들을 향해 유럽에 그들의 천재성이 필요하기 때문에 그들이 남아주어야 한다고 말하는 한편, 다른 한 편으로는 그들이 줄을 설 때 맨 앞에 서면 새로운 증오 — 증오와 박해로 이어질 수 있으므로 피하라고 권고하는 것은 순전한 아이러니입니다. 글쎄요. 유대인들은 어쩔 수 없습니다 그들 중 6백만이 사망하면서 대부분 자신의 의지에 반해 나치 희생자 줄의 앞으로

밀려났으니까요.

These people are forbidden to enter Palestine with reference to the principle of democracy, but actually the Western powers, in upholding the ban of the White Paper, are yielding to the threats and the external pressure of five vast and underpopulated Arab States. It is sheer irony when the British Foreign Minister tells the poor lot of European Jews they should remain in Europe because their genius is needed there, and, on the other hand, advises them not to try to get at the head of the queue lest they might incur new hatred — hatred and persecution. Well, I am afraid they cannot help it with their six million dead they have been pushed at the head of the queue, of the queue of Nazi victims, most against their will.

전후 세계의 모습은 밝지 않습니다. 우리와 같은 물리학자들은 정치인들도 아니고 정치에 관여하기를 원한 적도 없습니다. 하지만 우리는 정치인들이 모르는 몇 가지를 알고 있습니다. 그리고 우리는 책임 있는 자들에게 편하게 위안 삼을 도피처는 없고, 조금씩 필요한 변화를 불명확한 미래로 미루어 둘 수 없으며, 사소한 흥정이나 할 시간이 없다는 것을 소리 높여 상기 시켜 줄 필요성을 느낍니다.

The picture of our postwar world is not bright. As far as we, the physicists, are concerned we are no politicians and it has never been our wish to meddle in politics. But we know a few things that the politicians do not know. And we feel the duty to speak up and to remind those responsible that there is no escape into easy comforts there is no distance ahead for proceeding little by little and delaying the necessary changes into an indefinite future there is no time left for petty bargaining.

이러한 상황은 우리가 가진 정치에 대한 관념의 총체에 대한 전반적 태도를 급진적으로 변화시키려는 용감한 노력이 필요합니다. 알프레드 노벨의 정신 — 인류의 관대함과 동지애에 대한 믿음과 확신이 우리의 운명을 결정지을 이들의 마음에 만연할 수 있기를 바랍니다. 그렇지 않으면 인류문명은 멸망할 테니까요.

The situation calls for a courageous effort, for a radical

change in our whole attitude in the entire political concept. May the spirit that prompted Alfred Nobel to create this great institution -- the spirit of trust and confidence, of generosity and brotherhood among men, prevail in the minds of those upon whose decisions our destiny rests. Otherwise, human civilization will be doomed.

CHAPTER 7

I have a dream

마틴 루터 킹
Martin Luther King Jr.
1929. 1. 15. ~ 1968. 4. 4.

I HAVE A DREAM

#인류애 #꿈 #희망

1963년 8월 28일, 워싱턴 D.C. 링컨기념관 앞에는 20만 명이 넘는 인파가 모여들었다. 링컨이 노예 해방한 지 햇수로 100년째 되던 해를 맞아 인종차별 철폐를 위한 대행진에 참여하기 위해 모인 사람들이었다. 인파의 환호 속에 한 남자가 연단에 오른다. 남자는 자신에게 꿈에 관한 이야기를 펼쳐나갔다. 그리고 그 꿈은 미국뿐 아니라 전 세계 수많은 사람과 함께 꾸는 이상이 된다.

마틴 루터 킹

프랭클린 루스벨트 대통령의 뉴딜정책과 제2차 세계
대전을 통해 미국은 엄청난 경제적 번영을 누리며 세계
최강국으로 부상했다. 전쟁 후 소비자 상품이 다양화되
고, 가정에 TV가 보급되면서 소비가 폭증했고 경제는 더
욱 활황을 맞이했다. 하지만 이런 번영은 백인 중상류층
의 전유물이었으며 흑인들은 2등 시민으로 취급당했다.
학교를 비롯한 공공기관은 백인 전용과 흑인 전용으로 구
분되는 등 차별 · 격리가 제도화되어 있었고, 남부의 주
들은 유권자 등록 시험 등을 통해 흑인 유권자들의 정치
참여를 제한했다. 거리에서 이유 없이 흑인이라는 이유로
체포되거나 심한 경우, 린치를 당하는 일이 다반사였다.

킹은 세계대전 이후 이런 부정의를 바로잡는 공민권
운동Civil Rights Movement 를 이끌며 이른바 공민권 시대Civil
Rights Era 의 서막을 연 인물이다. 미국 역사에서 신격화된
인물이 몇 있는데, 킹은 그중 대표이다. 생일이 연방법에
국경일로 지정되어 있고, 어느 도시를 가도 꼭 이 사람의
이름을 딴 도로명이 하나씩은 찾을 수 있다. 그의 〈I have
a dream〉연설은 링컨의 게티즈버그 연설과 더불어 미국
각 학교에서 필수적으로 가르치는 연설이기도 하다.

고전Classic이 된 글을 어떤 사람은 이렇게 정의한다 모두가 들어는 봤지만, 읽어보지 않은 글. 이 연설이 우리나라에서는 딱 그렇지 않을까 생각해 본다.

1929년 1월 15일 애틀랜타 조지아에서 흑인 목회자 집안에서 태어난 그는 어려서부터 공민권 운동과 인권운동을 활발히 펼치던 아버지의 영향을 받았다. 조지아의 흑인 학교를 다니던 킹은 아버지와 할아버지가 졸업한 모어하우스 칼리지Morehouse College에서 사회학을 전공하여 학위를 취득한 후에 대부분의 학생이 백인으로 구성된 펜실베니아의 크로져 신학대학Crozer Theological Seminary에 진학했는데, 그곳에서 총학생회장으로 당선될 정도로 언변과 리더십이 뛰어났다.

1955년 보스턴 대학에서 신학박사 학위를 취득한 킹은 앨라배마주 몽고메리의 덱스터 애비뉴 침례교회Dexter Avenue Baptist Church의 목사로 활동하는데, 같은 해 발생한 역사적 사건을 통해 인권운동가로서 이름을 알리게 되었다.

1955년 12월 1일, 앨라배마주 몽고메리에서 한 흑인 여성이 버스에 올라탔다. 그녀는 백인들을 위해 마련된 앞쪽 자리를 지나 유색인종 석의 맨 앞줄에 앉았다. 버스에 사람이 차면서 백인석이 만석이 되었고, 몇몇 백인들이 서서 이동해야 하는 사태가 벌어지자 버스 기사는 유색인종 석 맨 앞줄에 앉아있던 여성에게 자리를 백인들에게 비켜주라고 명령했다. 이러한 명령에 불복종하며 비켜줄 수 없다고 버틴 이 흑인 여성은 결국 몽고메리 버스 차별 운영법을 위반한 혐의로 경찰에 체포되었다.

이 여성의 이름은 로사 팍스Rosa Parks. 현재까지도 미국에서 용기 있는 저항의 아이콘으로 통하는 그녀의 일화는 킹의 공민권 운동 등판으로 이어졌다. 몽고메리의 침례교회 목사였던 킹은 몽고메리 버스에 대한 전면적 보이콧을 주도하였고, 이로 인해 팍스 사건은 전국적인 이슈로 부상했다. 보이콧은 385일 동안 지속되었고, 그 과정에서 킹의 집은 테러범들에 의해 폭파당했으며 킹은 경찰에 체포되었다. 결국 Browder v. Gayle 판결을 통해 몽고메리의 버스 차별 운영법이 폐기되며 보이콧이 마무리되었고, 킹은 공민권 운동계의 전국구 스타로 부상했다.

1957년 킹은 남부의 흑인 종교지도자들 및 공민권 운동가들과 함께 남부 그리스도교 지도자회의SCLC Southern Christian Leadership Conference를 결성하였고, 더욱 본격적으로 인권 및 공연권 운동에 나서게 되었다. 미국 각지를 돌아다니며 연설을 하였는데, 그의 활동은 무수히 많은 위협과 위험을 수반하였다. 백인사회는 그에게 씌우기 가장 쉬운 프레임, 공산주의자 프레임을 씌웠다. 이런 프레임은 인권신장을 외치는 사람을 대상으로 흔하게 씌워지는 냉전의 유산이 아닌가 싶다. 1958년 공산주의자는 죽여야 한다고 생각한 여성이 킹의 가슴을 칼로 찌르는 사건이 발생하기도 하였고, 1963년에는 당시 대통령이던 존 F. 케네디John F. Kennedy의 동생 로버트 케네디Robert Kennedy가 이끄는 연방 검찰이 킹의 통화내용을 도/감청하기도 하였다. 참고로 로버트 케네디는 이를 참회하며 킹과 함께 인권운동에 헌신하다가 암살당한다. 킹은 각종 시위를 주도하며 체포 및 구속만 29차례 당했다.

각종 탄압과 생명의 위협에도 불구하고 마하트마 간디 Mahatma Gandhi의 비폭력 불복종 사상에 영향을 받아 평화적 저항을 이어나갔다. 이러한 스탠스는 '자위를 위한 폭력은 지성이다.'를 외친 그의 라이벌 말콤XMalcolm X와 대조를 이룬다. 이 둘은 모두 암살로 생을 마감하는데, 반드

시 어느 쪽이 '옳다' 혹은 '그르다'로 단정 지을 수는 없다고 생각한다.1)

대망의 1963년 8월 28일, 노예해방 100주년을 기념한 '일자리와 자유를 위한 워싱턴 대행진March on Washington for Jobs and Freedom'에서 그는 명연설 〈I have a dream〉을 발표했다. 노예해방을 기념하는 만큼 무대는 링컨의 거대한 석상이 있는 링컨기념관 앞이었다. 참고로 말콤 X는 이 행사를 백인의 석상 아래에서 흑인들이 자유를 구걸하는 것이라 평가절하하며 참가를 보이콧했다.

대행진의 제목에서도 알 수 있듯이, 공민권 운동은 노동운동계와 연대하여 시위를 펼쳐나갔다. 그리고 그 시위는 암암리에 공민권 법Civil Rights Legislation의 통과를 추진하던 케네디 대통령의 지원을 받았다. 20만 명이 운집한 대규모 시위는 전국의 이목을 집중시켰고, 시위의 가장 상징적 인물 킹은 연단에 올라 인종차별의 철폐와 사회경제적 정의의 실현으로 모든 이들이 동등한 자유를 누릴

---

1) 참고로 미국 카툰 시리즈 <X-Men>은 이들의 철학적 대립에 영감을 받은 것으로 알려져 있다.

수 있는 사회가 오기를 바란다는 자신의 소박하지만 원대한 꿈을 사람들과 공유했다.

이 연설의 중간에 등장하는 문구, 인류 연설 역사상 가장 널리 알려진 문구 중 하나인 'I have a dream'은 사실 준비된 것이 아니었다. 연설 중간에 연단 뒤에서 인권운동가이자 가스펠 가수 마할리아 잭슨Mahalia Jackson이 "그들에게 그 꿈을 이야기해 주세요, 마틴!Tell them abouth the dream, Martin!"이라 외쳤고, 킹이 이에 대한 화답으로 즉흥연설을 한 부분이다. 역사상 최고의 연설 중 하나로 꼽히는 이 연설의 가장 잘 알려진 부분이 즉흥적으로 나오게 되었다는 점은 그가 얼마나 훌륭한 연설가였는지를 보여주는 대목이다.

킹의 연설은 행진에 모인 이들의 마음뿐 아니라 TV를 통해 방영되며 미국 전역에 큰 영향을 미쳤다. 이 연설이 변화시킨 여론은 1964년 공민권법 통과로 이어졌고, 수많은 미국인으로 하여금 인종과 정파를 불문하고 공민권운동에 뛰어들게 하는 계기가 되었다. 그리고 이 운동은 베트남 전쟁에 대한 반전운동과 결합하여 미국 사회를 활활 타오르게 하는 기폭제가 되었다. 훗날 미국의 대통령이 되는 오바마 행정부의 국무장관을 지낸 힐러리 클린턴은 이 연설에 감명을 받아 대학 공화당 위원회장직을 내려놓고 민주당 공민권 운동 대열에 합류하였다. 이 연설을 들으며 자란 미국 흑인사회는 걸출한 2세대 지도자들을 배출하였으며 결국 모두가 불가능이라 여겼던 최초의 흑인 대통령을 탄생시키기도 하였다. 연설을 발표한 1963년 킹은 〈Time〉지 '올해의 인물Man of the Year'에 선정되었고, 이듬해 최연소 노벨평화상 수상자가 되었다. 그만큼 그의 연설은 국내뿐 아니라 세계적인 울림이 있었다.

킹은 1968년 4월 4일 저녁 테네시 주 멤피스에서 극우파 백인, 제임스 얼 레이James Earl Ray가 쏜 총에 암살되며 자신의 꿈이 이루어지는 것을 끝내 보지 못하였다. 죽기 전까지 늘 살해 협박에 시달리면서도 공민권 문제뿐 아니라 반전운동 등에도 참여하며 자신이 연설에서 이야기한 꿈이 이루어지는 세상을 만들기 위해 인생을 바쳤다.

킹이 사망한 지 50여 년이 지났고, 미국에서 제도적 차별이 철폐되었으며 최초의 흑인 대통령까지 탄생했지만, 아직도 인종갈등이 완전히 해결되기에는 갈 길이 멀어 보인다.

2012년 플로리다주 샌포드에서 흑인 청소년 트레본 마틴Trayvon Martin 이 후드를 뒤집어쓰고 길을 가다가 조지 지머맨George Zimmerman 의 쏜 총에 사망한다. 후드를 뒤집 어쓴 흑인에게 위협을 느껴서 정당방위를 한 것이라 주장 한 지머맨이 무죄로 풀려나자 미국 전역은 온, 오프라인 에서 각종 시위와 심한 경우 폭동까지 벌어지게 된다. 흑 인의 생명은 소중하다는 이른바 '블랙 라이브스 매터Black Lives Matter' 운동이 미국 전역을 휩쓸기 시작한 것이다. 흑 인에 대한 미국 경찰들의 과잉진압과 사법부의 인종차별 적 판결에 대한 불만이 극에 달했던 미국 사회가 더 이상 의 불의에 침묵하기를 거부하며 사회 저명인사와 연예인 들까지 합류하여 연대했다. 이들은 킹 목사와 같은 지도 자나 별도의 지도부와 같은 조직 없이도 온라인을 통한 자발적 참여를 통해 운동을 성공적으로 이어갔다.

이 사건에 맞서 백인사회는 모든 사람의 목숨은 소중 하다는 '올 라이브스 매터all lives matter'라는 구호로 맞섰 다. 문제의 본질을 호도하려는 저열한 시도였다. 보수 기 득권 백인들을 중심으로 한 이들은 미국에 인종차별은 존 재하지 않고 있으며 흑인들이 백인들을 역차별하려는 시 도로 운동을 매도했다. 심지어 흑인들이 후드를 쓰는 행위 자체가 문제라며 후드를 쓰는 흑인들을 잠재적 범죄자 취급했다. 그리고 이들은 몇 년 후, '멕시코인들은 강간범이다'라고 이야기한 대통령을 지지하여 당선시키는 데 성공한다. 이러한 인종혐오의 화살은 코로나 사태 이후, 아시안을 향하고 있다.

　미국의 인종갈등이 아직도 해결해야 할 숙제라고 한다면 우리나라는 어디서부터 시작해야 할지 모를 정도로 심각하다. '흑형', '짱깨', '깜둥이', '쪽발이' 등등의 혐오 표현이 만연한 것은 물론, 피부색만 달라도 무조건 '외국인'이라 칭한다. 나치 독일을 연상시키는 순혈주의를 강조하는 '한민족', '단일민족', '혼혈' 등의 용어도 아무런 문제 없이 통용된다. 이른바 '선진국'이라 불리는 곳에서 온 백인들을 대하는 사람들의 태도와 '제 3세계'에서 온 유색인종을 대하는 태도의 온도는 얼음과 불의 노래를 떠오르게 한다. 여기에 외국인 노동자들이 범죄를 많이 저지르기 때문에 다 추방해야 한다는 근거 없는 외국인 혐오 정서까지. 물론, 우리가 역사적으로 외세의 침입을 많이 받고, 식민지배를 받은 비극을 경험한 지 얼마 되지 않아 상처가 아물지 않은 탓도 있겠지만 대한민국이 다른 문화나 인종에 대한 배타성에 대해서 그것이 결국 우리 자신의 인간성을 파괴하는 것으로 돌아오지는 않는지 생각해볼 문제다.

인종 문제뿐이 아니다. 앞서 꾸준히 적은 것처럼 사회가 다양화되고, 연결은 쉬워지면서 발생하는 갈등의 빈도와 크기 또한 증가하고 있다. 특히 개개인이 갖는 권력의 크기도 커지면서 누군가의 과거 언행을 찾아 생계를 끊는 것도 '캔슬컬처Cancel culture'라는 이름의 한 문화로 자리잡고 있다. 이제는 자신이 한 행동이 특정 집단을 연상시키기만 해도 온라인상에서 테러당하는 일들도 비일비재한 수준이다.

킹은 연설에서 유색인종의 투지가 모든 백인에 대한 불신으로 이어져서는 안 된다고 한다. 비탄과 증오의 잔을 들이키는 것으로 자유를 향한 갈증을 달래려 하지 말자고 이야기한다. 그 이유는 그들의 자유와 유색인종의 자유가 떼려야 뗄 수 없는 것이기 때문이라 한다. 이것을 '투쟁하지 말라'는 것으로 받아들인다면 오해다. 연설에서도 자신이 꿈꾸는 세상이 올 때까지 투쟁을 멈추지 말 것을 강조하고 있으며 그는 암살로 생을 마감할 때까지 평생을 투쟁에 몰두했다. 대의를 위해서 어떤 태도와 방식을 취하느냐에 대한 이야기인 것이다. 죄를 지은 사람이 단죄하게 하고, 정의를 바로 세우는 사회를 만드는 것이 중요하지 않다는 것이 아니라 반대로 그러한 사회를 만들기 위해서라도 더 큰 대의를 갖고 연대해야 한다는 것이다.

대부분의 고전이 그러하듯, 킹의 연설도 고리타분하고 뻔한 이야기라는 생각이 들 수 있다. 당시에도 그랬겠지만, 요즘 사회에서 이런 이야기를 하는 것은 너무나 허무맹랑한 이야기라 여겨질 수 있다. 하지만, 적어도 제도적으로 차별 철폐와 과거보다는 공정한 사회가 되어가는 과정은 총칼로 이루어낸 것이 아니다. 결과론적으로 우리는 킹의 꿈에 함께 한 사람들이 만들어간 세상 속에서 살아가고 있다고 해도 과언은 아니다.

우리는 어떤 세상에 사는 꿈을 꾸는가.

꿈꾸는 세상에 살기 위해 우리는 더 많은 적을 만들 것인가 아니면 더 다양한 친구를 만들 것인가. 킹의 연설을 통해 질문을 던져볼 수 있었으면 한다.

I HAVE A DREAM
연설

우리 역사에서 자유를 위한 가장 훌륭한 시위가 있던 날로 기록될 오늘 이 자리에 여러분과 함께하게 된 것을 기쁘게 생각합니다.

I am happy to join with you today in what will go down in history as the greatest demonstration for freedom in the history of our nation.

백 년 전, 한 위대한 미국인이 노예해방 선언에 서명했습니다. 지금 우리가 서 있는 상징적인 그림자의 주인공이 바로 그입니다. 이 중대한 선언은 불의의 불길에 시들어가고 있던 수백만 흑인 노예들에게 희망의 등불로 다가왔습니다. 그것은 오랜 속박의 밤을 걷어낼 즐거운 새벽으로 다가왔습니다.

Five score years ago a great American in whose symbolic shadow we stand today signed the Emancipation Proclamation. This momentous decree came as a great beckoning light of hope to millions of Negro slaves who had been seared in the flames of withering injustice. It came as a joyous daybreak to end the long night of their captivity.

하지만 백 년이 지나서도, 흑인은 여전히 자유롭지 못합니다. 백 년이 지나서도, 흑인의 삶은 여전히 격리의 족쇄와 차별의 사슬로 인해 매우 부자유스럽습니다.

But one hundred years later the Negro is still not free. One hundred years later the life of the Negro is still sadly crippled by the manacles of segregation and the chains of discrimination.

백 년이 지나서도, 흑인은 물질의 번영이라는 광대한 대양의 한가운데 고립된 빈곤의 외딴 섬에서 살아가고 있습니다.

One hundred years later the Negro lives on a lonely island of poverty in the midst of a vast ocean of material prosperity.

백 년이 지나서도, 흑인은 여전히 미국의 후미진 곳에서 고통받으며, 자신의 땅에 유배된 자신을 발견합니다. 그래서 우리는 이 끔찍한 현실을 생생히 들추어내기 위해 이 자리에 왔습니다.

One hundred years later the Negro is still languishing in the comers of American society and finds himself in exile in his own land. So we have come here today to dramatize a shameful condition.

어떤 의미에서 우리는, 국가로부터 받은 수표를 현금화하기 위해 우리나라의 수도에 왔습니다. 우리 공화국의 건국자들이 위대한 헌법과 독립선언서를 작성했을 때, 그들은 모든 미국인이 물려받게 될 약속어음에 서명한 것입니다. 그 약속어음이란, 백인뿐 아니라 흑인을 포함한 모든 인간에게 삶과 자유, 행복 추구라는 양도할 수 없는 권리를 보장한다는 약속이었습니다.

In a sense we've come to our nation's capital to cash a check. When the architects of our republic wrote the magnificent words of the Constitution and the Declaration of Independence, they were signing a promissory note to which every American was to fall heir. This note was a promise that all men — yes, black men as well as white men — would be guaranteed the unalienable rights of life, liberty and the pursuit of happiness.

오늘날 미국이 유색인종에 대해서는 이 약속어음이 보장하는 바를 불이행했다는 것은 명백한 사실입니다. 이 신성한 책임을 존중하기는커녕 "자금 부족"이라 적혀 돌아온 부도수표를 나눠주었습니다.

그러나 오늘날 미국이 시민의 피부색에 관한 한, 이 약속어음이 보장하는 바를 제대로 이행하지 않고 있다는 것은 분명한 사실입니다. 미국은 이 신성한 의무를 이행하지 않고, 흑인들에게 잔액 부족이라는 도장이 찍힌 채 되돌아오는 불량어음을 주었습니다.

It is obvious today that America has defaulted on this promissory note insofar as her citizens of color are concerned. Instead of honoring this sacred obligation, America has given its colored people a bad check, a check that has come back marked "insufficient funds."

하지만 우리는 정의의 은행이 파산했다고 믿지 않습니다. 우리는 이 나라에 있는 거대한 기회의 금고에 잔액이 부족하다는 것을 믿지 않습니다. 그래서 우리는 청구만 하면 풍성한 자유와 정의를 확보해 줘야 할 수표를 환전하러 왔습니다.

But we refuse to believe that the bank of justice is bankrupt. We refuse to believe that there are insufficient funds in the great vaults of opportunity of this nation. So we have come to cash this check, a check that will give us upon demand the riches of freedom and security of justice.

우리는 현재의 급박함을 미국에 상기 시켜 주기 위해 이 신성한 땅에 왔습니다. 지금은 냉정을 되찾으라는 사치스러운 말을 들을 여유도, 점진주의라는 이름의 진정제를 먹을 시간도 없습니다.

We have also come to his hallowed spot to remind America of the fierce urgency of Now. This is not time to engage in the luxury of cooling off or to take the tranquilizing drug of gradualism.

지금, 이 순간이 바로 민주주의의 약속을 실현할 때입니다.

Now is the time to make real the promise of democracy.

지금이 바로 차별의 어두컴컴하고 황폐한 계곡에서 빠져나와 인종적 정의의 양지로 올라가야 할 때입니다.

Now it the time to rise from the dark and desolate valley of segregation to the sunlit path of racial justice.

지금이 바로 우리 조국을 인종적 불평등이라는 모래 구덩이에서 건져내어 형제애라는 단단한 반석 위에 세울 때입니다.

Now it the time to lift our nation from the quicksand of racial injustice to the solid rock of brotherhood.

지금이 바로 하나님의 모든 자손에게 정의를 현실로 만들어 줄 때입니다.

Now is the time to make justice a reality to all of God's children.

지금, 이 순간의 긴박성을 간과하고 유색인종 시민의 결의를 과소평가하는 것은 이 나라에 치명적인 일이 될 것입니다. 흑인들의 정당한 불만이 표출되는 이 무더운 여름은 자유와 평등의 상쾌한 바람이 부는 가을이 찾아올 때까지 계속될 것입니다. 1963년은 끝이 아니라 시작입니다. 만일 이 나라가 다시 예전으로 돌아간다면, 흑인들이 흥분을 가라앉히고 자족하며 살기를 바라는 이들은 거친 방식으로 깨달음을 얻게 될 것입니다.

It would be fatal for the nation to overlook the urgency of the moment and to underestimate the determination of it's colored citizens. This sweltering summer of the colored people's legitimate discontent will not pass until there is an invigorating autumn of freedom and equality. Nineteen sixty-three is not an end but a beginning. Those who hope that the colored Americans needed to blow off steam and will now be content will have a rude awakening if the nation returns to business as usual.

흑인이 시민으로서의 권리를 부여받기 전까지 미국은 휴식도 평온도 없을 것입니다. 정의가 실현되는 밝은 날이 오기 전까지는 이 나라의 근간을 뒤흔들 혁명의 소용돌이가 계속될 것입니다.

There will be neither rest nor tranquility in America until the colored citizen is granted his citizenship rights. The whirlwinds of revolt will continue to shake the foundations of our nation until the bright day of justice emerges.

하지만, 정의의 궁전으로 향하는 길의 출발점에 선 여러분들에게 꼭 드리고 싶은 말씀이 있습니다. 우리는 정당한 위치를 얻는 과정에서 그릇된 행위를 저질러서는 안 됩니다. 비탄과 증오의 잔을 들이키는 것으로 자유를 향한 갈증을 달래려 하지 맙시다.

But there is something that I must say to my people who stand on the warm threshold which leads into the palace of justice. In the process of gaining our rightful place, we must not be guilty of wrongful deeds. Let us not seek to satisfy our thirst for freedom by drinking from the cup of bitterness and hatred.

우리는 항상 품위와 질서의 고지대에서 투쟁을 이어나가야 합니다. 우리의 창조적인 저항이 물리적 폭력으로 변질되게 해서는 않게 해야만 합니다. 계속해서 우리의 물리적 힘이 영혼의 힘과 맞닿을 수 있는 저 높은 곳까지 올라가야 합니다.

We must forever continue our struggle on the high plane of dignity and discipline. We must not allow our creative protest to degenerate into physical violence. Again and again we must rise to the majestic heights of meeting physical force with soul force.

우리 흑인 사회를 휩쓸고 있는 새롭고도 놀라운 투지가 모든 백인에 대한 불신으로 이어지도록 해서는 안 됩니다. 지금 이곳에 수많은 백인 형제들이 함께해주고 있음이 증명하듯, 그들은 자신들의 운명이 우리의 운명과 이어져 있으며, 그들의 자유가 우리의 자유와 떼려야 뗄 수 없는 관계임을 깨닫고 있습니다.

The marvelous new militancy which has engulfed the Negro community must not lead us to a distrust of all white people -- for many of our white brothers, as evidenced by their presence here today, have come to realize that their destiny is inextricably tied up with our destiny. They have come to realize that their freedom is inextricably bound to our freedom.

우린 홀로 걸을 수 없습니다.

We cannot walk alone.

우리는 언제나 항상 앞으로만 나아갈 것을 맹세해야 합니다.

And as we walk, we must make the pledge that we shall always march ahead.

우리는 되돌아갈 수 없습니다.

We cannot turn back.

인권운동가들에게 "언제쯤 만족하겠느냐"라고 묻는 이들이 있습니다. 흑인이 경찰의 형언할 수 없는 폭력과 공포에 희생되고 있는 한, 우리에게 만족이란 없습니다. 흑인이 여행하다가 피로에 지쳤을 때 고속도로 근처의 여관이나 시내의 호텔에서 잠자리를 얻을 수 없는 한, 우리에게 만족이란 없습니다. 흑인들의 이주가 그저 작은 게토에서 큰 게토로의 이동으로 제한되는 한, 우리에게 만족이란 없습니다. 우리 어린이들이 "백인 전용"이라는 표지판에 의해서 자아와 존엄성을 강탈당하는 한, 우리에게 만족이란 없습니다. 미시시피의 흑인들은 투표조차 할 수 없고, 뉴욕의 흑인들은 투표할 대상이 없다고 믿는 한, 우리에게 만족이란 없습니다. 절대로, 절대로 우리에게 만족이란 없습니다. "정의가 물 같이, 공의公義가 마르지 않는 강과 같이" 흐를 때까지 우리에게 만족이란 없습니다.

There are those who are asking the devotees of civil rights, "When will you be satisfied?" We can never be satisfied as long as the Negro is the victim of the unspeakable horrors of police brutality. We can never be satisfied as long as our bodies, heavy with the fatigue of travel, cannot gain lodging in the motels of the highways and the hotels of the cities. We cannot be satisfied as long as the negro´s basic mobility is from a smaller ghetto to a larger one. We can never be satisfied as long as our children are stripped of their self-hood and robbed of their dignity by signs stating "For Whites Only." We cannot be satisfied as long as a Negro in Mississippi cannot vote and a Negro in New York believes he has nothing for which to vote. No, no, we are not satisfied, and we will not be satisfied until "justice rolls down like waters, and righteousness like a mighty stream."

여기에 온 분 중에 크나큰 시련과 고통 때문에 참여한 것을 저는 알고 있습니다. 몇몇 분들은 좁은 감옥에서 갓 출소해서 오셨습니다. 몇몇 분들은 자유에 대한 자신의 요구가 박해의 폭풍에 유린당하고, 과잉진압의 바람에 비틀거리게 했던 곳에서 오셨습니다. 여러분은 모두 새로운 방식으로 다가오는 갖가지 고통을 겪는 데 있어서 베테랑입니다. 스스로 야기하지 않은 고통은 구원으로 이어진다는 신념으로 계속 일하십시오.

I am not unmindful that some of you have come here out of great trials and tribulations. Some of you have come fresh from narrow jail cells. And some of you have come from areas where your quest -- quest for freedom left you battered by the storms of persecution and staggered by the winds of police brutality. You have been the veterans of creative suffering. Continue to work with the faith that unearned suffering is redemptive.

미시시피로 돌아가십시오. 앨라배마로, 사우스캐롤라이나로, 조지아로, 루이지애나로 돌아가십시오. 북부 여

러 도시의 슬럼과 게토로 돌아가십시오. 어떻게든 지금의
상황이 변화될 수 있고, 그리될 거라 믿고 돌아가십시오.

Go back to Mississippi, go back to Alabama, go
back to South Carolina, go back to Georgia, go back
to Louisiana, go back to the slums and ghettos of our
northern cities, knowing that somehow this situation can
and will be changed.

동지 여러분, 이제 절망의 계곡에서 뒹굴지 말자고 오
늘 여러분께 말합니다.

Let us not wallow in the valley of despair, I say to you
today, my friends.

고난과 좌절의 오늘과 내일을 마주하는 이 순간에도
나에게는 아직 꿈이 있습니다. '아메리칸 드림'에 깊이 뿌
리를 박은 그런 꿈 말입니다.

And so even though we face the difficulties of today
and tomorrow, I still have a dream. It is a dream deeply

rooted in the American dream.

나에게는 꿈이 있습니다. 언젠가는 이 나라가 일어나, "우리는 모든 인간이 평등하게 창조되었음을 자명한 진실로 삼는다"라는 신조의 진정한 의미를 실천하는 날이 오리라는 꿈입니다.

I have a dream that one day this nation will rise up and live out the true meaning of its creed "We hold these truths to be self-evident, that all men are created equal."

나에게는 꿈이 있습니다. 언젠가는 조지아의 붉은 언덕 위에 예전에 노예였던 부모의 자식과 그 노예의 주인이었던 부모의 자식들이 형제애의 식탁에 함께 둘러앉는 날이 오리라는 꿈입니다.

I have a dream that one day on the red hills of Georgia, the sons of former slaves and the sons of former slave owners will be able to sit down together at the table of brotherhood.

나에게는 꿈이 있습니다. 언젠가는 불의와 억압의 열

기에 신음하던 저 황폐한 미시시피 주가 자유와 평등의 오아시스가 될 것이라는 꿈입니다.

I have a dream that one day even the state of Mississippi, a state sweltering with the heat of injustice, sweltering with the heat of oppression, will be transformed into an oasis of freedom and justice.

나에게는 꿈이 있습니다. 나의 네 자녀가 피부색이 아니라 인격에 따라 평가받는 그런 나라에 살게 되는 날이 오리라는 꿈입니다.

I have a dream that my four little children will one day live in a nation where they will not be judged by the color of their skin but by the content of their character.

오늘 나에게는 꿈이 있습니다!

I have a dream today!

나에게는 꿈이 있습니다. 사악한 인종차별주의자들이

있는 앨라배마주, 연방정부의 법과 조치에 대해 "간섭"과 "무효"라는 단어를 쓰며 따르지 않겠다고 말하는 주지사가 있는 바로 그 앨라배마주에서 흑인 소년 소녀들이 백인 소년 소녀들과 손을 잡고 형제자매처럼 함께 걸어갈 수 있는 날이 오리라는 꿈입니다.

I have a dream that one day, down in Alabama, with its vicious racists, with its governor having his lips dripping with the words of "interposition" and "nullification" -- one day right there in Alabama little black boys and black girls will be able to join hands with little white boys and white girls as sisters and brothers.

오늘 나에게는 꿈이 있습니다!

I have a dream today!

나에게는 꿈이 있습니다. 어느 날, 골짜기마다 돋우어지며, 산마다, 언덕마다 낮아지며, 고르지 아니한 곳이 평탄하게 되며 험한 곳이 평지가 되어 "여호와의 영광이 나타나고 모든 육체가 그것을 함께" 보게 되는 날이 오리라는 꿈입니다.

I have a dream that one day every valley shall be exalted, and every hill and mountain shall be made low, the rough places will be made plain, and the crooked places will be made straight "and the glory of the Lord shall be revealed and all flesh shall see it together."

이것이 우리의 희망입니다. 이것이 내가 남부로 돌아갈 때 가지고 가는 신념입니다.

This is our hope, and this is the faith that I go back to the South with.

이러한 신념을 가지고, 우리는 절망의 산을 깎아서 희망의 반석을 만들 수 있을 것입니다. 이러한 신념을 가지고, 우리는 이 나라의 시끄러운 불협화음을 형제애의 아름다운 교향곡으로 변화시킬 수 있을 것입니다. 이러한 신념을 가지고, 우리는 언젠가는 자유로워질 것을 알기에 함께 일하고, 함께 기도하고, 함께 투쟁하고, 함께 투옥되고, 함께 자유를 위해 맞설 수 있을 것입니다.

역사를 바꾼 명 연설원고

With this faith, we will be able to hew out of the mountain of despair a stone of hope. With this faith, we will be able to transform the jangling discords of our nation into a beautiful symphony of brotherhood. With this faith, we will be able to work together, to pray together, to struggle together, to go to jail together, to stand up for freedom together, knowing that we will be free one day.

그날은 하나님의 모든 자식들이 새로운 의미로 이 노래 부를 수 있는 날이 될 것입니다

And this will be the day -- this will be the day when all of God's children will be able to sing with new meaning

"나의 조국, 당신의 즐거운 자유의 땅을 노래해. 나의 선조들이 묻힌 땅, 필그림의 긍지가 있는 땅, 모든 산에서 자유가 울리는 그런 땅"

My country 'tis of thee, sweet land of liberty, of thee I sing. Land where my fathers died, land of the Pilgrim's pride, From every mountainside, let freedom ring!

그리고 미국이 위대한 국가가 되려면, 이것은 반드시 실현되어야 합니다.

And if America is to be a great nation, this must become true.

그래서 뉴햄프셔의 경이로운 언덕에서 자유가 울려 퍼지게 합시다.

And so let freedom ring from the prodigious hilltops of New Hampshire.

뉴욕의 거대한 산들로부터 자유가 울려 퍼지게 합시다.

Let freedom ring from the mighty mountains of New York.

펜실베니아의 앨러게니 산맥으로부터 자유가 울려 퍼지게 합시다.

Let freedom ring from the heightening Alleghenies of Pennsylvania.

콜로라도의 눈 덮인 로키산맥으로부터 자유가 울려 퍼지게 합시다.

Let freedom ring from the snow-capped Rockies of Colorado.

캘리포니아의 굽이진 산으로부터 자유가 울려 퍼지게 합시다.

Let freedom ring from the curvaceous slopes of California.

그뿐이 아닙니다

But not only that

조지아의 스톤 마운틴으로부터 자유가 울려 퍼지게 합

시다.

Let freedom ring from Stone Mountain of Georgia.

테네시의 룩아웃 산으로부터 자유가 울려 퍼지게 합시
다.

Let freedom ring from Lookout Mountain of
Tennessee.

미시시피의 모든 언덕으로부터 자유가 울려 퍼지게 합
시다.

Let freedom ring from every hill and molehill of
Mississippi.

모든 산비탈부터 자유가 울려 퍼지게 합시다.

From every mountainside, let freedom ring.

이렇게 될 때, 자유가 울려 퍼질 수 있게 할 때. 모든 마을, 모든 촌락, 모든 주와 도시에서 자유가 울려 퍼지게 할 때, 하나님의 자녀들이 흑인과 백인이, 유대인과 이방인이, 신교도와 구교도가 손에 손을 잡고, 옛 흑인 영가의 가사를 함께 부를 그날을 앞당길 수 있을 것입니다

And when this happens, and when we allow freedom ring, when we let it ring from every village and every hamlet, from every state and every city, we will be able to speed up that day when all of God's children, black men and white men, Jews and Gentiles, Protestants and Catholics, will be able to join hands and sing in the words of the old Negro spiritual

"드디어 자유, 드디어 자유, 전지전능하신 하나님, 우리가 비로소 자유로워졌나이다!"

Free at last! Free at last! Thank God Almighty, we are free at last!

CHAPTER 8

A New Chapter to Silent Spring

레이첼 카슨
Rachel Carson
1907. 3. 27. ~ 1964. 4. 14.

A New Chapter to Silent Spring

#환경 #이해관계 #의심

1963년 1월 8일, 뉴욕 가든 클럽. 주로 여성 정원사들이 중심이 된 자리. 미국 사회를 뒤흔든 작품 〈침묵의 봄〉이 출판되고 1년이 채 되지 않았을 시점. 논란의 중심에 선 작가는 두려움을 무릅쓰고 연단에 오른다. 대중연설 경험이 없던 그의 연설은 청중을 사로잡는 데 부족함이 없었고, 이후의 사회운동가들이 과학에 근거한 이익단체들의 비판에 맞설 수 있는 가장 중요한 화두를 던진다. "누가 이야기를 하고 있나요? 그는 그 이야기를 왜 하고 있나요?"

레이첼 카슨. 환경 운동계의 대모. 해양생물학자이자 작가로 활동하며 DDT 및 살충제의 남용에 의한 폐해를 폭로한 〈침묵의 봄〉은 현대 과학의 활용 범위 및 방향에 대한 새로운 고찰과 더불어 현대 환경운동의 초석을 놓았다는 평가를 받는다.

1907년 5월 27일 펜실베니아에서 태어난 그는 어려서부터 책을 읽고 글을 쓰는 것을 즐겼다. 내성적인 성격 탓에 혼자만의 시간을 보내는 것을 즐겼던 그는 우수한 성적으로 대학을 졸업한 후 존스홉킨스 대학에서 동물학 석사 학위를 받았다. 박사학위 과정을 밟고자 했던 그는 1934년 대공황으로 인해 어려워진 집안 경제에 도움이 되고자 강사가 되었다.

1935년 아버지가 사망하고 병든 어머니를 간호해야 했던 그는 학부 시절 멘토였던 엘머 허긴스Elmer Huggins의 추천으로 어업국Bureau of Fishery의 라디오 프로그램에 해양생물에 관한 원고를 쓰게 되었다. 그의 능력을 높게 평가한 그의 상사는 그에게 정규직으로 근무할 것을 제안하였고, 공무원 채용시험을 최우수 성적으로 통과한 것을 계기로 어류 야생생물청Fish and Wildlife Service에 여성으로서 두 번째로 채용되어 16년간 근무했다.

　카슨은 어류 야생생물청에서 근무하며 지속적으로 언론사 기고와 출판을 통해 작가로서의 입지를 다져나갔다. 해양 자연사를 다룬 1941년 '해풍 아래Under the Sea-wind'를 시작으로 1951년 '우리를 둘러싼 바다The Sea Around Us', 1955년 '바닷가The Edge of the Sea'는 그를 유명인사로 만들어주었다. 특히, '우리를 둘러싼 바다'는 86주간 뉴욕타임스 베스트셀러에 이름을 올리며 1952년 그가 은퇴 후 전업 작가로 활동할 수 있도록 해주었다.

　제2차 세계대전을 계기로 미군은 군사적 활용을 목적으로 합성 살충제 개발을 지원해왔다. 가장 효율적이고 효과적인 해충박멸 수단으로 DDT와 같은 합성 살충제가 떠오르기 시작했고, 일곱 가구 중 한 가구가 농업에 종사하던 미국에서 그 수요가 급증했다. 수요가 증가함에 따라 화학업계는 더욱 강력하고 효과적이며 저렴한 살충제를 경쟁적으로 내놓기 시작했고, 그 위험성에 대한 연구 결과에 대해서는 함구한 채 살충제는 무분별하게 사용되었다. 미국의 합성 살충제의 생산량이 5만 5,800톤에서 1960년 28만 7,000톤으로 증가한 것도 이러한 맥락에서다.

당시에는 화학물질이 인체에 미치는 영향에 대한 사회적 인식이 부족했다. 인체에 유해함이 연구를 통해 드러나더라도 화학회사들은 로비를 통해 그것이 세상에 알려지는 것을 효과적으로 막았다. 심지어 각종 연구기관과 정치인들에 대한 후원을 통해 그 화학물질들이 인체에 해가 없음을 공식화했다. 그럼에도 불구하고, DDT등 화학 살충제의 피해사례들이 세계 곳곳에서 나타났고, 미국에서는 곳곳에서 집단 소송이 진행되었다.

살충제 남용에 반대하는 미국의 비영리단체 오듀본 협회Audubon Naturalist Society는 카슨을 영입하여 정부의 살충제 활용실태에 관한 연구와 문제의 공론화를 요청하였다. 평소에도 합성살충제의 피해사례에 관심을 두고 있던 카슨은 1957년 연방정부의 매미나방 박멸프로그램과 그로 인해 발생한 피해자들의 소송에 대한 소식을 접하고 제안을 받아들였다. 4년간의 연구조사는 역사의 한 획을 그은 명저 '침묵의 봄'의 탄생으로 이어졌다.

'침묵의 봄'은 집필 과정에서부터 순탄치 않았다. 연구를 진행하는 과정에서부터 미국 농무부USDA의 농업연구원Agricultural Research Service는 카슨을 비롯한 합성 살충제 비판자들을 비판한 공익영화를 발표하기도 했고, 화학회사들에 지원받는 연구기관들은 자료 제출을 거부하기도 했다. 카슨은 십이지장궤양, 악성종양 등을 앓으며 작업했는데, 살충제 회사들이 이를 자신에 대한 공격수단으로 삼을 것을 우려해 철저히 숨겨야 했다.

카슨과 출판사는 '침묵의 봄'이 불러올 전 사회적 공격을 심각하게 우려했다. 각종 소송이 벌어질 것을 예상한 카슨은 자신의 자료를 교차 검증하는 데 최선을 다함은 물론, 책의 출판 전 원고를 수많은 과학자에게 보내 오류를 찾도록 했다. 심지어 환경문제에 관심이 많은 것으로 알려진 연방대법원 판사 윌리엄 더글러스William O. Douglass에게도 원고를 보내 자문을 받았다.

카슨의 예상대로 '침묵의 봄'은 1962년 6월 16일 '뉴요커The New Yorker'에 첫 번째 요약본이 실리면서 사회에 큰 파장을 일으켰다. 미국의 화학회사들은 물론, 농무부를 비롯해 농장주들까지 반격에 나섰고, 각종 소송에 휘말렸다. 전 농무부 장관 에즈라 벤슨Ezra Taft Benson은 아이젠하워 대통령에 보낸 편지에서 카슨이 매력적인 여성임에도 불구하고 결혼을 하지 않은 것으로 보아 공산주의자일 것이라 적기도 했다기승전 '빨갱이' 프레임은 냉전 시대의 만능열쇠였다. 또한, 반대 진영은 그가 여성이기 때문에 '감정적'이고 '히스테리'를 부린다는 프레임을 씌우며 그가 쓴 책이 과학적 근거가 없다고 주장했다.

이러한 논란은 오히려 책의 판매를 부추겼고, 과학자들의 양심선언까지 이어지며 합성 살충제에 대한 사회적 인식에 불을 지폈다. '침묵의 봄'은 60만 부 이상 판매되며 베스트셀러가 되었고, 미국 여론은 카슨의 편에 섰다. 여러 주에서 40여 건의 법안이 상정되었고, 1963년에는 연방정부 산하에 환경자문위원회가 구성되었으며, 이는 1969년 국가 환경정책 법안 통과를 통해 환경보호청 Environmental Protection Agency 의 탄생으로 이어졌다. 환경보호청은 1972년 DDT의 사용을 금지시켰다.

카슨은 '침묵의 봄'이 세상에 공개된 지 2년 만인 1964년 유방암으로 사망했다. 내성적인 성격 탓에 공개석상에 나서는 것을 극도로 꺼렸던 그는 건강 상태가 좋지 않았음에도 불구하고 언론과 사회의 무차별적인 공격에 더 이상 침묵할 수 없음을 깨닫고 각종 강연과 연설에 나서기로 마음먹었다. 긴장을 풀기 위해 연설 전에는 명상으로 마음을 안정시켰고, 몸이 안 좋다는 사실을 숨기기 위해 애써 괜찮은 척했다.

카슨은 당시 사용되던 합성 살충제의 오남용을 반대한 것이지 해충에 대한 통제에 반대한 것이 아니다. 연설에서도 이를 분명히 했다. '해충에 대한 통제에 찬성하는가 혹은 반대하는가'는 프레임에 갇히면 논의가 공회전하게 되는데, 문제의 본질을 호도해서 유리한 고지를 차지하고자 하는 자들이 흔히 쓰는 수법이다. 이런 식의 이분법적 프레임은 문제를 단순화시켜 대중을 현혹시키는 용도로 활용되는데, 다음 장에서 다룰 동성애 문제에서도 '동성애에 찬성하는가 혹은 반대하는가'라는 질문으로 등장한다. 그래서 누군가가 어떤 사안에 대해 찬성하냐 반대하냐 물어보거든 질문하는 사람의 의도를 한 번쯤은 의심해보고 질문이 제대로 된 질문은 맞는지 살펴보는 지혜를 발휘해야 한다.

카슨은 문제의 본질을 공익과 사익의 충돌에서 찾는다. 각자의 사익으로 똘똘 뭉친 카르텔은 자신들의 이해관계를 지키기 위해 공익을 희생한다. 합성 살충제로부터 혹은 합성 살충제 회사들로부터 얻는 이득이 너무나도 큰 대학, 정치인, 농장주 등등은 시민들의 건강이 위협받을 수 있다는 사실을 철저히 숨기는 것이 이득이 된다. 그들은 자신들의 권위와 권력을 이용하여 전문지식과 정보를 통제한다. 그 때문에 일반인들이 자신의 피해를 과학적으로 입증하기란 쉽지 않고, 입증하더라도 그것을 통한 정의를 실현하기 어려워진다.

　1993년 영화 '에린 브로코비치Erin Brockovich'는 캘리포니아주 힝클리 지역에서 발생한 환경오염으로 피해를 당한 주민들이 에너지 회사 P&G와 소송에서 승리하는 실제 사건을 다루었다. 영화는 에린 브로코비치라는 영웅을 탄생시켰지만, 역설적으로 피해자들이 자신의 피해를 입증하는 것이 얼마나 기적 같은 일인지를 잘 보여준다. 그나마 집단소송제도와 배심원제, 징벌적 손해배상제가 잘 확립되어 있는 미국의 경우에는 그나마 나을 수 있다. 우리의 경우는 삼성반도체 사건이나 가습기 살균제 사건처럼 상대가 정보공개를 거부하면 그만이고, 피해자들의 피해가 구제받기 위해서는 사회적으로 큰 이슈가 되어서 여론의 압박을 못 이겨내는 수준이 되어야 한다.

　최근에는 환경과 관련된 문제에 대한 사회적 관심이

증가함에 따라 유해물질에 대한 소비자들의 불매운동과 각종 친환경 제품 소비, 피해 문제에 대한 관심과 연대가 활발하게 진행되고 있다. 하지만, 본인의 건강이나 이해관계와 직접적인 관계가 없는 것으로 여겨지는 부분이나 거시적인 문제에서는 그것이 쉽지 않다. 지구온난화나 탈원전과 같은 문제가 그렇다. 이러한 주제와 관련해서는 정치적으로나 이념적으로 첨예하게 대립할 정도로 큰 이슈지만, 전문지식도 없는 일반인들이 접근하기에는 관련 정보와 지식이 워낙 방대하고 참가자들의 이해관계도 워낙 복잡하다.

하지만 더 조심해야 하는 부류가 있다. 대외적으로 자신이 공익을 대변한다고 말하면서 이를 수익화하는 사람들이다. 누구나 손쉽게 타인과 소통할 수 있고 이를 수익화할 수 있는 환경이 되면서 '가짜뉴스' 문제가 점점 심각해지고 있다. 방송과 광고를 구분할 수 없는 지경에 와버린 것이다. 아침 방송에 나와 건강을 위협하는 무언가를 없애려면 어떤 걸 먹어야 한다고 소개하면서 사실은 옆 홈쇼핑 채널에서 파는 음식을 홍보하고 있는 쇼닥터들은 그나마 귀여운 수준이다. 이들은 그나마 산업이 고용한 전문가기 때문에 책임소재가 분명하기 때문이다.

문제는 사회적 갈등을 수익 모델로 삼는 이들이다. 이들은 '정의', '공정', '애국', '자유', '민주주의', '진보', '보수'와 같은 추상적인 단어들 뒤에 숨어 자신의 영향력과 수익을 극대화한다. 이들은 어떤 사안에 대해 그 사안의 본질이나 진실이 무엇인지를 알리는 것처럼 보이지만 실상은 대중이 혹은 특정 성향의 집단이 듣고 싶은 이야기를 해주며 돈을 번다. 이것이 도를 넘게 되면 진실을 호도하는 것을 넘어서 진실을 조작하기에 이른다는 것을 우리는 종종 목격한다.

이들이 돈을 버는 방식은 사람들에게 '듣고 싶은 소리'를 해주는 것이다. '내 편'이라는 생각이 들게끔 하면서 끊임없이 우리의 확증편향을 유도한다. 그리고 어느새 우리는 이들에게 나의 판단을 맡겨버린다. 주체성을 잃고 진영논리에 빠져버리는 것이다. 인간은 합리적인 동물이 아니라 합리화하는 동물이라는 타고난 성질 때문에 우리는 쉽게 이들을 통해 자기 합리화의 늪에 빠진다.

영화 〈매트릭스〉에서 주인공 네오는 주어진 세계를 그대로 받아들이는 파란 약을 먹을 것인가, 혼란스럽더라도 진실된 모습을 바라보는 빨간 약을 먹을 것인가 선택한다. 주체적인 삶을 결정하는 것은 빨간 약을 선택하는 것과 같다. 빨간 약을 먹는 것은 내가 '상식'이라 여기는 것들을 의심해보는 것에서 시작한다.

인간은 합리화의 동물인 동시에 의심의 동물이기도 하다. 나의 사고방식을 타인에게 맡기는 것이 아니라 끊임없이 의심하고 질문을 던져보아야 한다.

"누가 이야기를 하고 있나요? 그는 그 이야기를 왜 하고 있나요?"

A New Chapter to Silent Spring

연설

오늘 제가 여러분 앞에서 이야기할 기회를 주심에 특별히 감사드립니다. 10년 전, 여러분께서 프란시스 허친슨 메달의 영광을 제게 안겨주실 때부터, 저는 미국 가든 클럽과 매우 가까움을 느껴왔습니다. 그리고 이 단체가 해온 일들과 목표와 열망의 달성을 위해 기울인 노력에 대해 경의를 표하고 싶습니다. 식물의 생명에 대한 관심, 아름다움의 증진, 환경보호의 목표를 향한 건설적인 연대를 통해 여러분들은 우리가 사는 세상의 본질이라 할 수 있는 생명의 흐름을 증진시키고 있습니다.

I am particularly glad to have this opportunity to speak to you. Ever since, ten years ago, you honored me with your Frances Hutchinson medal, I have felt very close to The Garden Club of America. And I should like to pay tribute to you for the quality of your work and for the aims and aspirations of your organization. Through your interest in plant life, your fostering of beauty, your alignment with constructive conservation causes, you promote that onward flow of life that is the essence of our world.

우리는 매우 다른 특성을 가진 한 세력이 너무 빈번하게 지배하는 시대에 살고 있습니다. 이 세력은 생명을 경시하고, 이와 공생관계에 있는 본질적인 관계망까지 의도적으로 파괴하지요.

This is a time when forces of a very different nature too often prevail – forces careless of life or deliberately destructive of it and of the essential web of living relationships.

제가 특별히 관심을 두는 분야는 여러분도 알다시피 그 무분별한 사용 때문에 살충제보다는 살생제라 명명되어야 할 화학물질의 남용입니다. 이 물질의 사용을 가장 열렬히 지지하는 진영에서조차 이들의 독성이 곤충, 설치류, 잡초 등의 목표 대상에만 효과를 미친다고 주장하지 못합니다.

My particular concern, as you know, is with the reckless use of chemicals so unselective in their action that they should more appropriately be called biocides rather than pesticides. Not even their most partisan defenders can claim that their toxic effect is limited to insects or rodents or weeds or whatever the target may be.

원치 않는 종의 합리적 통제를 위한 싸움은 길고 어려울 것입니다. '침묵의 봄'의 출간은 이러한 싸움의 시작도 끝도 아닙니다. 하지만, 새로운 국면을 맞이하고 있는 이 싸움의 본질과 함께 우리가 이룬 몇 가지 성과들과 어려움의 본질을 여러분과 살펴보고자 합니다.

The battle for a sane policy for controlling unwanted species will be a long and difficult one. The publication of Silent Spring was neither the beginning nor the end of that struggle. I think, however, that it is moving into a new phase, and I would like to assess with you some of the progress that has been made and take a look at the nature of the struggle that lies before us.

우리는 우리가 목표하는 바가 무엇인지 분명히 해야 합니다. 우리는 반대하는 것이 무엇인가? 우리는 어떤 가치를 대변하는가? 여러분이 저에 대한 산업 중심의 비평을 읽어보셨다면 제가 곤충이나 다른 생명체를 통제하려는 모든 노력에 반대한다고 생각하실 수 있습니다. 이는 물론 저의 입장이 아니고, 미국 가든 클럽의 입장도 아닐 것이라 확신합니다. 우리는 살생제라는 수단을 반대하는 것이지 그것을 통해 얻으려는 목표에 반대하는 것이 아니라는 점에서 살생제 옹호론자들과 다릅니다.

We should be very clear about what our cause is. What do we oppose? What do we stand for? If you read some of my industry-oriented reviewers you will think that I am opposed to any efforts to control insects or other organisms. This, of course, is not my position and I am sure it is not that of The Garden Club of America. We differ from the promoters of biocides chiefly in the means we advocate, rather than the end to be attained.

곤충 문제가 발생할 때마다 살포 비행기나 충격 폭탄을 사용하게 된다면 우리는 과학적으로 낮은 수준의 원시적 방식에 안주하는 것이 된다는 것이 제 생각입니다. 우리는 필요한 새로운 무기의 개발이 실패할 때 유독 비과학적으로 돌변해버립니다. 미래의 해충 통제수단이 되어줄 거라 믿어 의심치 않는 뛰어나고 창의적인 무기들이 현재에도 시제품으로 존재합니다. 하지만, 우리는 이런 것들이 훨씬 많이 필요하고, 현재 우리가 사용하는 무기들을 더 잘 활용할 수 있어야 합니다. 농무부의 연구진이 제게 개인적으로 해준 말에 의하면 자신들이 시험, 개발해낸 방식을 곤충 통제과에 넘겼으나 조용히 묻혔다고 합니다.

It is my conviction that if we automatically call in the spray planes or reach for the aerosol bomb when we have an insect problem we are resorting to crude methods of a rather low scientific order. We are being particularly unscientific when we fail to press forward with research that will give us the new kind of weapons we need. Some such weapons now exist — brilliant and imaginative prototypes of what I trust will be the insect control methods of the future. But we need many more, and we need to make better use of those we have. Research men of the Department of Agriculture have told me privately that some of the measures they have developed and tested and turned over to the insect control branch have been quietly put on the shelf.

저는 현재 살생제에 대한 과도한 의존을 몇 가지 이유로 비판합니다 첫째, 비효율적입니다. 여기 DDT사용 시기 전후에 곤충으로 인해 피해 입은 농작물의 통계 비교가 있습니다. 저명한 곤충학자의 연구에 의하면 금세기 전반부에서 곤충에 의한 농작물 유실은 연 10%에 달합니다. 국립과학원이 이후 현재 연 25%의 작물 유실이 곤충에 의한 것이라고 발표한 것은 놀랍습니다. 현대 살충제의 사용을 늘리고 있음에도 불구하고 작물 유실이 이런 추세로 증가한다면 우리가 현재 사용하는 방식에 문제가 있다는 것입니다! 비화학적 방식이 나선구더기파리에 대한 100% 통제에 성공했다는 사실도 알려드립니다. 그 어떤 화학물질도 달성하지 못한 성과지요.

I criticize the present heavy reliance upon biocides on several grounds First, on the grounds of their inefficiency. I have here some comparative figures on the toll taken of our crops by insects before and after the DDT era. During the first half of this century, crop loss due to insect attack has been estimated by a leading entomologist at 10 percent a year. It is startling to find, then, that the National Academy of Science last year placed the present crop loss at 25 percent a year. If the percentage of crop loss is increasing at this rate, even as the use of modern insecticides increases, surely something is wrong with the methods used! I would remind you that a non-chemical method gave 100 percent control of the screwworm fly – a degree of success no chemical has ever achieved.

화학적 통제는 곤충의 항체를 증진시킨다는 점에서 비효율적입니다. 살충제 하나 이상에 대한 항체를 가진 곤충의 수가 DDT이전 12개에서 현재 150개로 늘었습니다. 이는 통제를 상당히 어렵게 만든다는 점에서 매우 심각하고 위협적인 문제입니다.

Chemical controls are inefficient also because as now used they promote resistance among insects. The number of insect species resistant to one or more groups of insecticides has risen from about a dozen in pre-DDT days to nearly 150 today. This is a very serious problem, threatening, as it does, greatly impaired control.

비효율성의 또 한 가지 증거는 화학물질이 자연적 통제까지 없앰으로써 그것이 원래 통제하려 하던 곤충의 재발을 촉진시키거나 갑자기 다른 생명체의 급증으로 이어져 문제를 일으킨다는 점입니다 예전에는 상대적으로 무해했던 잎 진드기는 DDT의 등장 이후 전 세계적 해충이 되었지요.

Another measure of inefficiency is the fact that chemicals often provoke resurgences of the very insect they seek to control, because they have killed off its natural controls. Or they cause some other organism suddenly to rise to nuisance status spider mites, once relatively innocuous, have become a worldwide pest since the advent of DDT.

곤충을 통제하는 다른 방법을 연구해야 하는 다른 이유에 대해서는 침묵의 봄에서 자세히 다루었기 때문에 이 자리에서 논하지는 않겠습니다. 물론, 위험한 화학물질의 사용이 최소화될 수 있을 정도로 곤충과 잡초를 통제할 수 있는 우리의 방식을 혁신하는 데에는 시간이 걸릴 것입니다. 하지만 그사이 더 나은 절차와 통제를 통해 즉각적 발전을 이루어 낼 수 있는 부분도 몇 가지 있습니다.

My other reasons for believing we must turn to other methods of controlling insects have been set forth in detail in Silent Spring and I shall not take time to discuss them now. Obviously, it will take time to revolutionize our methods of insect and weed control to the point where dangerous chemicals are minimized. Meanwhile, there is much that can be done to bring about some immediate improvement in the situation through better procedures and controls.

오늘날 살충제와 관련해서 가장 희망적인 조짐은 강력한 대중의 관심입니다. 사람들은 단순히 모든 분사 프로그램에 대한 침묵하는 대신 질문과 함께 적절한 대답을 요구하기 시작했습니다. 이것은 그 자체로 건전한 것입니다.

In looking at the pesticide situation today, the most hopeful sign is an awakening of strong public interest and concern. People are beginning to ask questions and to insist upon proper answers instead of meekly acquiescing in whatever spraying programs are proposed. This in itself is a wholesome thing.

살충제를 통제하기 위한 더 나은 법안에 대한 요구가 증가하고 있습니다. 매사추세츠에서는 실제 권한이 있는 살충제 위원회를 이미 설치했습니다. 이 위원회는 항공 분사를 시행하고자 하는 모든 사람들에게 자격을 필요로 하는 가장 필요한 절차를 세웠습니다. 믿기지 않으시겠지만, 이전에는 비행기를 임대할 돈이 있는 사람은 누구나 언제 어디서든 살충제를 뿌릴 수 있었습니다. 코네티컷에서도 살충제 분사 현황에 대한 공식적인 조사를 계획하고 있다고 전해 들었습니다. 그리고 전국단위에서는 대통령이 지난여름 과학자문위원들에게 이 분야에서의 정부 활동에 관한 전반적 검토를 진행할 위원회를 세우라고 지시했습니다.

There is increasing demand for better legislative control of pesticides. The state of Massachusetts has already set up a Pesticide Board with actual authority. This Board has taken a very necessary step by requiring the licensing of anyone proposing to carry out aerial spraying. Incredible though it may seem, before this was done anyone who had money to hire an airplane could spray where and when he pleased. I am told that the state of Connecticut is now planning an official investigation of spraying practices. And of course on a national scale, the President last summer directed his science advisor to set up a committee of scientists to review the whole matter of the government's activities in this field.

시민단체들도 적극적입니다. 예를 들어, 펜실베니아 여성단체 연합은 환경에 악영향을 미치는 독극물로부터 대중을 보호하기 위한 프로그램을 세웠습니다. 프로그램은 법안의 통과와 교육에 근거합니다. 오듀본 협회는 주와 연방 기관을 포함하는 5포인트 행동 프로그램을 주장하였습니다. 북미 야생동물 회의는 올해 자신들의 프로그램에 중요한 부분에 살충제 문제를 포함했습니다. 이 모든 발전은 대중이 이 문제에 집중할 수 있도록 도울 것입니다.

Citizens groups, too, are becoming active. For example, the Pennsylvania Federation of Women's Clubs recently set up a program to protect the public from the menace of poisons in the environment – a program based on education and promotion of legislation. The National Audubon Society has advocated a 5-point action program involving both state and federal agencies. The North American Wildlife Conference this year will devote an important part of its program to the problem of pesticides. All these developments will serve to keep public attention focused on the problem.

저는 최근 업계 잡지 중 하나에서 발견한 희망 사항에 대해 읽으면서 놀람을 금치 못했습니다. 산업계는 "침묵의 봄"의 영향이 살충제 구매가 주로 발생하지 않는 늦가을이나 겨울에 주로 나타날 것이며 3월이나 4월에 침묵

의 봄은 더 이상 대화 주제로서의 관심을 잃을 것이라고
자신한다"라고 하는 내용입니다.

I was amused recently to read a bit of wishful thinking
in one of the trade magazines. Industry "can take heart,"
it said, "from the fact that the main impact of the book
i.e., Silent Spring will occur in the late fall and winter —
seasons when consumers are not normally active buyers of
insecticides [···] it is fairly safe to hope that by March
or April Silent Spring no longer will be an interesting
conversational subject."

제 독자에게서 오는 편지들의 분위기와 이미 시작된
운동이 예상된 관성을 이어간다고 가정하고 보건대 이러
한 전망은 현실화되지 않을 것입니다.

If the tone of my mail from readers is any guide, and if
the movements that have already been launched gain the
expected momentum, this is one prediction that will not
come true.

그렇다고 우리가 만족하고 안주해서는 안 됩니다. 대중의 태도가 신선한 변화를 나타내고 있다 하더라도 살충제 분사 방식에 대한 개선이 이루어졌다는 어떠한 근거도 없습니다. 독성이 매우 강한 물질들이 인간과 동물을 해하지 않을 것이라는 공공기관의 엄숙한 확신 하에 사용되고 있습니다. 야생동물의 감소가 후에 보고되면 같은 공공기관의 공무원들은 근거를 부정하거나 동물들이 "다른 무언가"에 의해 죽은 것이라 선언합니다.

This is not to say that we can afford to be complacent. Although the attitude of the public is showing a refreshing change, there is very little evidence of any reform in spraying practices. Very toxic materials are being applied with solemn official assurances that they will harm neither man nor beast. When wildlife losses are later reported, the same officials deny the evidence or declare the animals must have died from "something else."

정확히 이러한 패턴은 여러 군데에서 발생하고 있습니다. 예를 들어 일리노이주 세인트루이스의 신문은 달드린이라는 살충제 알갱이가 살포된 지역에서 수백만 마리의 토끼, 메추리, 명금이 죽었다고 보도했습니다. 이 중 한 구역은 아이러니하게도 "금렵구역"이었습니다. 이는 알풍뎅이 통제를 위한 프로그램의 일환이었습니다.

Exactly this pattern of events is occurring in a number of areas now. For example, a newspaper in East St. Louis, Illinois, describes the death of several hundred rabbits, quail and songbirds in areas treated with pellets of the insecticide, dieldrin. One area involved was, ironically, a "game preserve." This was part of a program of Japanese beetle control.

이러한 방식은 제가 침묵의 봄에서 묘사한 일리노이의 쉘든에서 벌어진 것과 같습니다. 쉘든에서 많은 수의 새와 작은 포유류가 거의 소멸될 정도로 파괴되었습니다. 그런데 일리노이 농무관은 달드린이 동물에 심각한 영향이 없다고 말합니다.

The procedures seem to be the same as those I described in Silent Spring, referring to another Illinois community,

Sheldon. At Sheldon the destruction of many birds and small mammals amounted almost to annihilation. Yet an Illinois Agriculture official is now quoted as saying dieldrin has no serious effect on animal life.

버지니아주 노포크에서는 역사적인 사건이 벌어지고 있습니다. 농작물을 파괴하는 줄주동바구미를 대상으로 활용되는 매우 독성이 강한 화학약품 달드린 사용에 관한 것입니다. 여기에는 몇 가지 흥미로운 특징들이 나타나는 데요. 하나는 주 농무부 직원들이 최소한의 심도 있는 논의를 통해 프로그램을 진행하고자 하는 태도조차 드러내지 않았다는 점입니다. 노포크 버지니안-파일럿의 아웃도어판은 공무원들이 그들의 계획에 대한 언급을 거부했다고 보도했습니다. 노포크 보건 공무원들은 달드린의 활용이 안전을 보장하는 방식으로 이루어질 것이라 대중을 안심 시켰습니다 기계를 활용해 토양에 구멍을 내 독극물을 주사할 것이라는 겁니다. 그는 "아이가 독극물에 노출되려면 잔디의 뿌리를 먹어야 할 것이라" 말했다고 인용되었습니다.

A significant case history is shaping up now in Norfolk,

Virginia. The chemical is the very toxic dieldrin, the target the white fringed beetle, which attacks some farm crops. This situation has several especially interesting features. One is the evident desire of the state agriculture officials to carry out the program with as little advance discussion as possible. When the Outdoor Edition of the Norfolk Virginian-Pilot "broke" the story, he reported that officials refused comment on their plans. The Norfolk health officer offered reassuring statements to the public on the grounds that the method of application guaranteed safety The poison would be injected into the ground by a machine that drills holes in the soil. "A child would have to eat the roots of the grass to get the poison" he is quoted as saying.

하지만 기자들은 이러한 장담이 근거 없음을 곧 증명해냈습니다. 실제로 활용된 방식은 살포 장비와 헬리콥터였습니다 일리노이에서 울새, 명금, 울종다리들이 멸종되고 초원의 양들을 죽였으며, 소들로 하여금 독극물이 섞인 우유를 만들도록 사료를 오염시킨 바로 그 방식입니다.

However, alert reporters soon proved these assurances to be without foundation. The actual method of application was to be by seeders, blowers and helicopters the same type of procedure that in Illinois wiped out robins, brown thrashers and meadowlarks, killed sheep in the pastures, and contaminated the forage so that cows gave milk containing poison.

그런데도 이를 우려한 노포크 시민들은 청문 과정에서 주 농림부로부터 그 프로그램이 그대로 실시될 것이라는 답만 들어야 했습니다.

Yet at a hearing of sorts concerned Norfolk citizens were told merely that the State's Department of Agriculture was committed to the program and that it would therefore be carried out.

근본적인 문제는 농림기관에 권위적 통제의 정서가 팽배하다는 점입니다. 어쨌든 다양하고 수많은 이해관계가 얽혀있습니다 수질오염, 토양오염, 야생동물 보호, 공중보건 등의 문제가 있지요. 하지만 농업의 이해가 최우선

순위이거나 유일한 문제인 것 마냥 취급되고 있습니다.

The fundamental wrong is the authoritarian control that has been vested in the agricultural agencies. There are, after all, many different interests involved there are problems of water pollution, of soil pollution, of wildlife protection, of public health. Yet the matter is approached as if the agricultural interest were the supreme, or indeed the only one.

이 모든 문제는 모든 이해관계를 아우르는 대표단을 통해 해결해야만 한다고 생각합니다.

It seems to me clear that all such problems should be resolved by a conference of representatives of all the interests involved.

몇 년 전 고등법원이 롱아일랜드 주민들이 제기한 DDT사건을 검토하며 제공한 강한 힌트가 시민들에게 어떤 영향을 미칠지 모르겠습니다.

I wonder whether citizens would not do well to be guided by the strong hint given by the Court of Appeals reviewing the so-called DDT case of the Long Island citizens a few years ago.

이들은 매미나방 살충제의 반복적 살포로부터 자신들을 보호하기 위한 법원의 금지명령을 요구했습니다. 하급 법원에서는 이를 거부했고, 고등법원은 살포가 이미 진행되었기 때문에 금지가 불가하다는 이유로 이를 인용하였습니다. 하지만 법원은 크게 간과되고 있지만 매우 큰 의미가 있는 견해를 밝혔습니다 "1957년의 살포가 초래한 것과 같은 광범위한 불편과 피해로 이어질 수 있는 공중 살포 혹은 기타 프로그램에 대한 문제를 마주한 지방 법원에 모든 제안된 절차가 여기 공개된 것처럼 불필요하거나 불운한 사건이 최소화될 수 있도록 하는 방법과 안전장치들을 자세히 알아보도록 해서 정부가 대중의 관심이 필요로 하는 프로그램을 실행할 수 있도록 할 것을 권한다."

This group sought an injunction to protect them from a repetition of the gypsy moth spraying. The lower court refused the injunction and the United States Court of Appeals sustained this ruling on the grounds that the spraying had already taken place and could not be enjoined. However, the court made a very significant comment that seems to have been largely overlooked. Regarding the possibility of a repetition of the Long Island spraying, the judges made this significant general comment "··· out would seem well to point out the advisability for a district court, faced with a claim concerning aerial spraying or any other program which may cause inconvenience and damage as widespread as this 1957 spraying appears to have caused, to inquire closely into the methods and safeguards of any proposed procedures so that incidents of the seemingly unnecessary and unfortunate nature here disclosed, may be reduced to a minimum, assuming, of course, that the government will have shown such a program to be required in the public interest."

여기서 미국 고등법원은 시민들이 법원을 통해 불필요하고 현명하지 않거나 부주의한 프로그램의 실행으로부터 피할 수 있도록 하는 절차를 설명하였습니다. 저는 이것이 최대한 많은 상황에서 실행에 옮겨지기를 바랍니다.

Here the United States Court of Appeals spelled out a procedure whereby citizens may seek relief in the courts from unnecessary, unwise or carelessly executed programs. I hope it will be put to the test in as many situations as possible.

우리가 현재의 개탄스러운 상황에서 벗어나고자 한다면 방심하지 말고 도전과 질문을 계속해야 하며 화학물질의 사용이 안전하다는 것에 대한 증명의 의무는 이를 사용하는 자들에게 있다는 것을 주장해야 합니다.

If we are ever to find our way out of the present deplorable situation, we must remain vigilant, we must continue to challenge and to question, we must insist that the burden of proof is on those who would use these chemicals to prove the procedures are safe.

무엇보다도 우리는 살충제 생산자들과 겉으로는 독립

적이지만 실제로는 산업과 관련된 조직들이 내거는 어마
어마한 프로파간다의 파도에 속아서는 안 됩니다. 이미
엄청난 규모의 전단이 제조업자들의 지원으로 뿌려지고
있습니다. 산업과의 관계가 숨겨져 있는 자료들이 농업대
학과 과학의 이름으로 출간됩니다. 이 자료들은 작가, 편
집자, 전문가, 그리고 오피니언 리더들에게 제공되고 있
습니다.

Above all, we must not be deceived by the enormous
stream of propaganda that is issuing from the pesticide
manufacturers and from industry-related — although
ostensibly independent — organizations. There is already
a large volume of handouts openly sponsored by the
manufacturers. There are other packets of material being
issued by some of the state agricultural colleges, as well as
by certain organizations whose industry connections are
concealed behind a scientific front. This material is going
to writers, editors, professional people, and other leaders
of opinion.

근거자료 없는 일반화가 이루어진다는 것이 이러한 자

료들의 특징입니다. 인간에 대한 안전을 주장하면서 우리가 한 번도 시도된 적 없는 암울한 실험에 놓였다는 사실을 무시합니다. 우리는 우리 인구 전체를 동물실험을 통해 극히 유독하고 많은 경우 누적효과가 발생한다고 입증된 화학물질에 노출시키고 있습니다. 이러한 노출은 우리가 태어나거나 태어나기 전부터 발생합니다. 우리가 참고할 실험이 이루어진 적이 없기에 그 누구도 결과가 어떠할지 알 수 없습니다.

It is characteristic of this material that it deals in generalities, unsupported by documentation. In its claims for safety to human beings, it ignores the fact that we are engaged in a grim experiment never before attempted. We are subjecting whole populations to exposure to chemicals which animal experiments have proved to be extremely poisonous and in many cases cumulative in their effect. These exposures now begin at or before birth. No one knows what the result will be, because we have no previous experience to guide us.

이러한 위험에 대해 충분한 인식을 갖기 위해서 또 다

른 탈미도마이드의 비극이 발생하는 일은 없어야 하겠습니다. 이미 수개월 전 충격적인 사건이 발생했습니다. 터키의 어린이들이 농업 화학물질을 통해 끔찍한 질병을 얻었다는 신문 보도에 우리 모두 큰 충격을 받은 바 있습니다. 물론 이는 의도된 것이 아닙니다. 우리 대부분이 모르는 사이에 피독은 7년간에 걸쳐 진행되었습니다. 1962년에 이것이 뉴스화된 것은 과학자들이 공개적인 보고서를 제출하면서였습니다.

Let us hope it will not take the equivalent of another thalidomide tragedy to shock us into full awareness of the hazard. Indeed, something almost as shocking has already occurred – a few months ago we were all shocked by newspaper accounts of the tragedy of the Turkish children who have developed a horrid disease through use of an agricultural chemical. To be sure, the use was unintended. The poisoning had been continuing over a period of some seven years, unknown to most of us. What made it newsworthy in 1962 was the fact that a scientist gave a public report on it.

포르피린증으로 불리는 질병은 5,000여 명의 터키 어린이들을 원숭이처럼 털이 가득한 존재로 만들었습니다. 피부는 빛에 민감해지고 얼룩과 물집이 생깁니다. 두꺼운 털이 얼굴과 팔 대부분을 덮습니다. 또한 희생자들은 간에 심각한 손상을 입었습니다. 1955년에 이와 같은 현상이 수백 건 발견되었습니다. 5년 후, 남아공의 의사가 이 질병에 관한 연구를 위해 터키를 방문하였고 5,000명의 희생자를 찾았습니다. 원인은 헥사클로로벤젠이라는 화학 살균제로 처리된 밀 씨에 있었습니다. 모종으로 쓰여야 할 씨앗이 굶주린 사람들에 의해 빻아져 빵을 만드는 밀가루로 쓰였습니다. 피해자들의 회복은 느렸고, 최악의 상황이 다가오기도 했습니다. 환경 관련 암 전문가 W. C. 휴퍼는 제게 이 불운한 어린이들이 간암에 걸릴 가능성이 매우 크다고 말했습니다.

A disease known as toxic porphyria has turned some 5,000 Turkish children into hairy, monkey-faced beings. The skin becomes sensitive to light and is blotched and blistered. Thick hair covers much of the face and arms. The victims have also suffered severe liver damage. Several hundred such cases were noticed in 1955. Five years later, when a South African physician visited Turkey to study the disease, he found 5,000 victims. The cause was traced to seed wheat which had been treated with a chemical fungicide called hexachlorobenzene. The seed, intended for planting, had instead been ground into flour for bread by the hungry people. Recovery of the victims is slow, and indeed worse may be in store for them. Dr. W. C. Hueper, a specialist on environmental cancer, tells me there is a strong likelihood these unfortunate children may ultimately develop liver cancer.

"이게 여기서는 발생할 수 없다," 여러분들은 쉽게 생각할 수 있습니다.

"This could not happen here," you might easily think.

그렇다면 여러분들이 사는 나라에서 현재 피독 종자의 사용이 식품의약국의 우려 사항이라고 말씀드리면 놀라실 것입니다. 최근 몇 년간 맹독성 물질로 화학 살균 및 살충처리된 종자의 사용이 가파르게 증가했습니다. 2년 전 식품의약국의 관계자는 제게 농작 후 잔여 곡물이 음식으로 활용될 것을 우려한다고 전했고요.

It would surprise you, then, to know that the use of poisoned seed in our own country is a matter of present concern by the Food and Drug Administration. In recent years there has been a sharp increase in the treatment of seed with chemical fungicides and insecticides of a highly poisonous nature. Two years ago an official of the Food and Drug Administration told me of that agency's fear that treated grain left over at the end of a growing season was finding its way into food channels.

지난 10월 27일 식품의약국은 화학 처리된 곡물을 밝은색으로 표시해 인간 혹은 가축의 음식에 들어가는 비화학 처리 종자들과 쉽게 구분될 수 있도록 제안하였습니다. 식품의약국은 보고합니다 "식품의약국은 농작 후 남은 화학 처리된 밀, 옥수수, 귀리, 호밀, 보리, 수수, 알팔파 종자가 그렇지 않은 종자들과 섞여 음식이나 사료로 사용되어 시장에 유통된 수많은 사례를 발견하였다. 가축의 피해는 발생한 것으로 확인되었다."

Now, on last October 27, the Food and Drug Administration proposed that all treated food grain seeds be brightly colored so as to be easily distinguishable from untreated seeds or grain intended as food for human beings or livestock. The Food and Drug Administration reported "FDA has encountered many shipments of wheat, corn, oats, rye, barley, sorghum, and alfalfa seed in which stocks of treated seed left over after the planting seasons have been mixed with grains and sent to market for food or feed use. Injury to livestock is known to have occurred.

"독성물질이 섞인 혼합 곡물에 대한 수많은 연방법원 압류가 이루어졌으며 이를 유통한 회사와 개인들에 대한 형사소송이 진행되고 있다."

"Numerous federal court seizure actions have been taken against lots of such mixed grains on charges they were adulterated with a poisonous substance. Criminal cases have been brought against some of the shipping firms and individuals.

˝대부분의 곡물 구매자와 사용자들은 소량의 화학 처리된 종자의 존재를 확인할 설비와 과학 장비가 없기 때문에 종자에 색이 칠해져 있어야 한다. 식품의약국의 제안은 화학 처리된 종자를 종자의 자연적 색상과 구분되고 지워지지 않게 칠할 것을 요구한다. 이를 통해 구매자는 화학 처리된 종자가 포함된 혼합물을 확인하고 반품할 수 있을 것이다.˝

˝Most buyers and users of grains do not have the facilities or scientific equipment to detect the presence of small amounts of treated seed grains if the treated seed is not colored. The FDA proposal would require that all treated seed be colored in sharp contrast to the natural color of the seed, and that the color be so applied that it could not readily be removed. The buyer could then easily detect a mixture containing treated seed grain, and reject the lot.˝

안타깝게도 이렇게 매우 바람직하고 필요한 요건의 적용은 산업계 일부의 반대로 인해 지연되고 있습니다.

I understood, however, that objection has been made by some segments of the industry and that this very desirable and necessary requirement may be delayed.

이는 대중의 각성과 남용에 대한 교정의 요구가 있어야 하는 사례입니다. 공익을 대변하는 이들에게 열린 길은 험난합니다. 사실, 최근에 이들에게 새로운 장애물이, 법률의 개정을 막으려는 자들에게는 새로운 무기가 생겼습니다. 올해 발효되는 소득세법이 그것입니다. 이 법에는 잘 알려지지 않았지만 몇몇 로비 비용을 사업비 지출로 허용하는 내용이 담겨 있습니다. 구체적인 예로 화학 산업이 향후 규제의 시도를 좌절시키는 데 필요한 비용을 저렴하게 만들어준다는 것입니다.

This is a specific example of the kind of situation requiring public vigilance and public demand for correction of abuses. The way is not made easy for those who would defend the public interest. In fact, a new obstacle has recently been created, and a new advantage has been given to those who seek to block remedial legislation. I refer to the income tax bill which becomes effective this year. The bill contains a little known provision which permits certain lobbying expenses to be considered a business expense deduction. It means, to cite a specific example, that the chemical industry may now work at bargain rates to thwart future attempts at regulation.

하지만 가든 클럽이나 오듀번 사회, 그리고 세제 혜택을 받는 다른 비영리기구들은 어떤가요? 현행법에 따르면 이들은 활동의 "실질적"인 부분에 입법에 영향을 미치려는 시도가 포함되면 세제 혜택을 박탈당합니다. "실질적"이라는 단어는 정의를 필요로 합니다. 실제로 조직 활동의 5% 이하의 노력만 포함되어도 세제 혜택을 박탈당하기에 충분하다는 판결이 내려진 바 있습니다.

But what of the nonprofit organizations such as the Garden Clubs, the Audubon Societies and all other such tax-exempt groups? Under existing laws they stand to lose their tax-exempt status if they devote any "substantial" part of their activities to attempts to influence legislation. The word "substantial" needs to be defined. In practice, even an effort involving less than 5 percent of an organization's activity has been ruled sufficient to cause loss of the tax-exempt status.

그렇다면 공익이 거대한 사익과 충돌할 때는 어떻게 될까요? 저 단체들은 자신의 존립에 반드시 필요한 세제 혜택을 박탈당할 위험을 안고 공익의 보호를 탄원하기 바라고 있습니다. 법률의 규제 없이 원하는 바를 행하고 있는 산업은 이제 그 노력에 대한 지원을 받게 되었습니다.

What happens, then, when the public interest is pitted against large commercial interests? Those organizations wishing to plead for protection of the public interest do so under the peril of losing the tax-exempt status so necessary to their existence. The industry wishing to pursue its course without legal restraint is now actually subsidized in its efforts.

이는 가든 클럽과 비슷한 단체들이 법률이 허락하는 선에서 해결을 시도할만한 상황입니다.

This is a situation which the Garden Club, and similar organizations, within their legal limitations, might well attempt to remedy.

제가 언급할 수 있는 다른 불편한 요인들이 또 있습니다. 하나는 전문가 조직과 산업, 과학과 산업의 상호관계가 강화되고 있다는 것입니다. 예를 들어, 미국의약협회는 회보를 통해 살충제 무역협회가 살충제가 인체에 미치는 영향에 대한 환자들의 질문에 답할 수 있도록 정보를 제공할 의사들을 추천했습니다. 저는 살충제 판매를 촉진시키는 사업을 진행하는 무역협회가 아닌 저명한 과학지나 의학지에 의사들이 추천되었으면 합니다.

There are other disturbing factors which I can only suggest. One is the growing interrelations between professional organizations and industry, and between science and industry. For example, the American Medical Association, through its newspaper, has just referred physicians to a pesticide trade association for information to help them answer patients' questions about the effects of pesticides on man. I would like to see physicians referred to authoritative scientific or medical literature — not to a trade organization whose business it is to promote the sale of pesticides.

과학계에 "상임 협회"로 불리는 12개 이상의 거대 산업 관련 기구들이 있습니다. 그런 과학단체가 목소리를 내면 그것은 과학의 소리일까요? 아니면 그것을 떠받치는 산업의 소리일까요? 대중은 그것이 과학의 목소리라고 가정해버립니다.

We see scientific societies acknowledging as "sustaining associates" a dozen or more giants of a related industry. When the scientific organization speaks, whose voice do we hear — that of science or of the sustaining industry? The public assumes it is hearing the voice of science.

또 한 가지 우려되는 점은 증가하고 있는 산업의 대학 지원금의 규모와 지급 횟수입니다. 한편으로는 이러한 교육지원이 바람직해 보이지만, 우리는 이것이 편향되지 않은 연구로 이어지지 않고 진정한 과학의 정신을 제고하지 않으리라는 것을 압니다. 자신의 대학에 가장 큰 지원금을 주는 사람은 점점 건드릴 수 없게 되어 대학 학장과 이사들마저도 논쟁을 꺼리게 되지요.

Another cause of concern is the increasing size and number of industry grants to the universities. On first thought, such support of education seems desirable, but on reflection we see that this does not make for unbiased research — it does not promote a truly scientific spirit. To an increasing extent, the man who brings the largest grants to his university becomes an untouchable, with whom even the University president and trustees do not argue.

이는 큰 문제들이고 쉬운 해법이란 존재하지 않습니다. 하지만 마주해야 하는 문제들입니다.

These are large problems and there is no easy solution. But the problem must be faced.

살충제들에 대한 현재의 논란을 들으시면서 자신에게 여쭙기를 권합니다 누가 이야기를 하고 있나요? 그는 그 이야기를 왜 하고 있나요?

As you listen to the present controversy about pesticides, I recommend that you ask yourself – Who speaks? – And Why?

CHAPTER **9**

❧

The Hope Speech

❧

하비 밀크
Harvey B. Milk
1930. 5. 22. ~ 1978. 11. 27.

THE HOPE SPEECH

#LGBTQIA #희망 #우리

1978년 6월 25일, 캘리포니아 게이 자유의 날을 기념하기 위해 모인 인파들로 가득한 샌프란시스코 시청 앞 계단. 대부분 소수자로 구성된 청중들 앞에 영웅 대접을 받으며 한 남자가 연단에 오른다. 근거 없는 편견과 싸워야 하는 수많은 이들 앞에서 그는 사치로만 여겨졌던 단어의 필요성을 강조한다. 희망. 모두가 '우리'이기 위해 필요한 희망.

하비 버나드 밀크. 미국에서 커밍아웃한 성 소수자 중 최초로 선출직 공무원에 당선된 인물. LGBTQIA[1] 운동의 전설. 혜성처럼 등장해 암살로 짧은 생을 마감하기까지 많은 이들의 마음속에 희망의 씨앗을 심어준 공로로 2009년 오바마 대통령으로부터 최고의 훈장인 대통령 자유 메달[2]을 받은 인물이다.

1930년 5월 22일 뉴욕시 근처인 우드미어에서 태어난 밀크는 10대 때 자신이 남들과 다르다는 것을 깨달았다고 한다. 하지만, 당시에는 동성애가 법적으로도 금지되는 사회였고, 사회적으로나 문화적으로는 더더욱 금기시되었기 때문에 밀크는 이를 철저히 숨기기로 마음먹었다.

밀크는 방황이라면 방황이고, 유유자적이라면 유유자적이라 볼 수 있는 젊은 시기를 보냈다. 뉴욕주립대학교에서 수학을 전공한 밀크는 경력이랄 것도 없이 다양한 분야에서 일하며 생계를 유지했다. 1951년에는 해군에

---

1) Lesbian, Gay, Bisexual, Transgender, Queer, Intersex, Asexual. 등 성소수자를 지칭하는 약자.

2) Presidential Medal of Freedom

입대하여 다이빙 교관으로 일했지만, 군으로부터 성 정체성에 대한 질문을 받게 되자 자진하여 전역했다. 당시에는 동성애자는 전역 사유였기 때문에 양심을 속이는 것 외에는 전역을 피할 방법이 없었다. 전역 후에는 고등학교 강사, 보험사, 선거운동원 등으로 일하며 생계를 꾸려나갔다.

밀크가 처음부터 정치에 관심을 가지거나 성적소수자 인권 문제에 적극적이었던 것은 아니었다. 자신의 성적 취향을 공개하는 것을 꺼려해 비밀리에 연애를 했고, 일터의 동료들도 그가 동성연애자라는 것을 전혀 눈치채지 못했다. 그가 뉴욕에서 만난 연인 조 캠벨Joe Campbell과 10년간 교제하면서 결별을 하게 된 이유도 그가 지나치게 정치 활동에 적극적이었다는 점 때문이었다. 그러던 그가 정치에 관심을 갖기 시작한 것은 1972년 샌프란시스코 카스트로 스트리트Castro Street로 이주하면서다.

1960년과 1970년대 미국은 이른바 공민권의 시대Civil Rights Era라 불린다. 제2차 세계대전 이후 미국이 세계 최강국으로 떠오르고 경제가 급성장했지만, 인종과 성별에 기반한 제도적 차별은 계속되고 있었다. 이런 상황에서 마틴 루터 킹의 등장, 베트남전 반전운동, 페미니즘 운동,

존 F. 케네디의 암살, 닉슨의 워터게이트 스캔들 등등의 사건들이 뒤섞이며 미국 시민들은 정부에 대한 신뢰를 잃었고, 더 많은 사회적 진보를 격렬하게 요구했다. 이는 공민권과 관련된 수많은 제도적 차별의 철폐와 사회적 인식의 진보로 이어졌다.

그럼에도 불구하고 동성애자들의 상황은 크게 달라진 것이 없었다. 1962년 일리노이주에서 동성 간 성관계를 비범죄화하기 전까지 미국의 모든 주에서 동성 간 성관계는 범죄였다. 1970년대까지만 해도 미국 상당수의 주에서 구강성교도 형사처벌 행위였음을 고려하면 동성 간 성관계에 대해서는 얼마나 더 엄격했을지 추측해 볼 수 있다. 이런 상황에서 진실을 동성애자로 밝히는 '커밍아웃'은 가족으로부터 버림받는 것 혹은 사회적으로 매장됨을 의미할 뿐 아니라 살인을 포함한 각종 혐오 범죄의 표적이 됨을 의미했다.

제2차 세계대전의 주요 군사 항구로 쓰인 샌프란시스코 항은 전쟁에 참전했던 군인 중 동성애자라는 이유로 전역당한 군인들이 본래 살던 곳으로 돌아가지 못하고, 그대로 머무르는 경우가 많았다. 이 때문에 샌프란시스코에는 동성애 인구의 비율이 다른 지역보다 현저히 높았고, 다른 지역 동성애자들에게도 희망의 땅으로 떠오르게 되었다. 특히, 카스트로 스트리트는 백인 인구가 도심 외곽으로 빠져나가면서 슬럼화가 진행되어 부동산 가격이 낮아졌고, 이는 동성애 인구를 더욱 끌어들이는 계기가 되었다. 밀크는 이곳에 카메라 가게를 열고 정착했다.

밀크는 1973년 닉슨의 워터게이트 스캔들 보도를 접하고 정치적으로 각성하게 된다. 더 이상 침묵할 수 없다고 생각한 밀크는 정치에 입문하겠다고 결심하고, 곧바로 민주당 후보로 시의원 선거에 뛰어들었다. 그가 지지를 요청한 짐 포스터Jim Foster 등이 이끌던 동성애 정치 커뮤니티는 그 어떤 동성애 인권 관련 활동을 해온 적 없는 밀크를 거들떠보지 않았다. 솔직히, 어느 날 갑자기 TV보다가 정치해야겠다고 마음먹고 찾아온 사람이 지지해달라고 해서 선뜻 지지해줄 사람이 어디 있을까 싶다.

돈도 없고, 선거운동원도 구할 수 없었던 밀크는 홀로 지역을 돌며 캠페인을 벌였다. 특유의 유머와 친화력은 언론인 프란시스 피츠제럴드Frances FitzGerald는 밀크를 '타고난 정치인born politician'이라는 찬사를 받을 정도였다. 그는 연설과 미디어 활용을 통해 기존 동성애 정치집단의 소극적 활동에 불만이 있던 동성애 커뮤니티의 표를 끌어오는 한편, 진보적인 정책 제안을 통해 카스트로 스트리트를 비롯해 상대적으로 진보적인 지역의 표를 휩쓸었다. 결국, 카스트로 이주 1년이 채 안 된 상황에서 32명의 후보 중 10위를 차지하는 기적적인 성과를 거두었지만, 6명을 뽑는 선거였기에 낙선했다.

낙선 후, 그는 본격적으로 정치 활동에 나서게 된다. 카스트로 스트리트 지역 일부 상인들이 두 게이 남성이 상점을 개점하는 것을 막으려 한 사건을 계기로 미국 최초로 LGBT 사업주들이 주축이 된 단체, '카스트로 마을 협회Castro Village Association'를 설립하고 회장에 취임했다. 또한, 지역경제를 살리기 위해 주도한 1974년 '카스트로 스트리트 축제Castro Stree Fair'가 큰 성공을 거두면서 밀크는 '카스트로 스트리트의 시장Mayor of Castro Street'라는 별명을 얻었다.

그의 활동이나 정치적 스펙트럼은 LGBT 운동에만 한정되지 않았다. 노동자연대가 조합의 요구를 들어주지 않으려는 맥주회사 쿠어스Coors에 맞서 파업을 진행하려 한다는 사실을 알게 된 밀크는 카스트로 스트리트의 게이바들이 쿠어스 맥주 판매를 거부하는 방식으로 연대에 참여하도록 했고, 그 대가로 조합이 더 많은 게이 운전사들을 고용하도록 요구해 관철시켰다. 이 연대에는 소수인종인 아랍계와 중국계 이민자들이 함께했고, 보이콧은 성공적이었다.

1975년 선거에 출마를 결심한 그는 그동안 고수해온 장발을 자르고, 마리화나와 게이 섹스 시설의 출입을 끊겠다고 선언하며 일반 유권자에 더 다가가려 시도했지만 실패했다. 이 과정에서 진보적이고 노동 친화적인 시장 조지 모스콘George Moscone [3]의 당선을 도운 공로로 1976년 인허가 위원회Board of Permit Appeals 의 위원에 위촉되었다. 동성애자가 공직에서 위원으로 위촉된 것은 밀크가 미국에서 최초다. 밀크는 위원직을 5주밖에 수행하지 못했는데, 1976년 주의회 의원선거에 출마하기 위해서는 공직을 맡고 있어서는 안 된다는 규정 때문이었다. 밀크는 1976년 선거에 출마해 선전하지만 4,000표도 안 되는 근소한 차이로 또다시 낙선했다.

---

3) 모스콘 시장은 1978년 11월 27일, 밀크와 함께 댄 화이트에 의해 암살당했다.

밀크와 LGBT 커뮤니티의 영향력이 커질수록 이에 대한 반작용도 강해졌다. 보수 기독교인들을 중심으로 한 동성애 혐오가 정치적으로 힘을 얻기 시작한 것이다. 극우적 성향의 유권자들을 결집하여 정치적으로 활용하고자 하는 이들이 등장하며 갈등이 심화되었고, 카스트로 스트리트에서는 게이들에 대한 묻지마식 범죄가 증가했다. 1977년 6월 21일 로버트 힐스버러Robert Hillsborough가 'faggot 동성애자 비하 표현'을 외치는 군중에 둘러싸여 15차례 칼에 찔려 사망하는 사건이 벌어지기도 했다.

1976년 샌프란시스코 선거제도가 전 지역 득표수 순위로 의원을 선출하던 기존의 방식에서 지역구별 다득표자로 선출하는 방식으로 변경되면서 '카스트로 스트리트의 시장' 밀크에게 기회가 찾아왔다. 1977년 시의원 선거에 출마한 그는 압도적인 표 차이로 당선되어 1978년 1월 9일 취임을 통해 미국 역사에 첫 동성애자 선출직 공무원이 되었다.

시의회에 진출한 밀크는 곧 죽을 사람처럼 바쁘게 일했다. 동성애에 대한 제도적 차별을 금지하는 법안은 물론, 워킹맘을 위한 보육 시설 설치, 군사시설의 저가 주거

지역 전환, 버려진 창고와 공장에 기업을 유치하기 위한 세제 혜택 지원 등의 거시적 정책뿐 아니라 애완견 주인에게 애완견의 배설물에 대한 처리를 강제하는 생활밀착형 정책까지 시민들의 문제를 닥치는 대로 해결해나갔다.

그가 이렇게 빠르게 일을 진행해나간 이유는 자신이 언젠가는 암살당할 것으로 생각했기 때문이었다. 정치에 입문하면서 거의 매일 살해 협박에 시달렸고, 자신이 암살당할 경우를 대비한 유언을 공공연하게 이야기하고 다녔다. 편집증적이라고도 볼 수 있던 그의 우려는 안타깝게도 의원 취임 10개월만인 1978년 11월 27일, 평소 밀크에 불만이 많았던 동료 의원 댄 화이트Dan White에 의해 현실이 되었다.

본 연설은 그가 사망하기 5개월 전에 캘리포니아 게이 자유의 날California Gay Freedom Day에 발표한 것이다. 일명 '희망 연설Hope Speech'라 불리는 본 연설에서 밀크는 대표성을 강조한다. 소외된 집단에 속한 이들에게 자신과 닮은 사람이 성공하는 모습을 보여주는 것이 얼마나 큰 힘을 발휘하는지 밀크는 너무 잘 이해하고 있었던 것이었다.

한국계 캐나다 이민 사회를 배경으로 한 캐나다 시트콤 〈김씨네 편의점Kim's Convenience〉의 주인공 폴 선형 리 Paul Sun-Hyung Lee는 2018년 캐나다 스크린 어워즈[4]에서 남우주연상 수상소감에서 대표성에 대해 이렇게 말했다 "대표성은 중요합니다. 김씨네 편의점 같은 쇼는 대표성이 얼마나 중요한지를 입증했다고 생각해요. 커뮤니티나 사람들에게 화면을 통해 자신들의 모습이 반영된 것을 보는 경험은 매우 강렬하고 고무적인 경험이니까요. 이는 사회의 가장자리에서 중심으로 이동했음을 의미하기 때문입니다. 이는 그들에게 목소리를 부여합니다. 그들에게 희망을 줍니다."[5]

근거 없는 편견으로 얼룩진 나의 모습이 아닌 있는 그대로의 나로서 존재할 수 있다는 확신은 그 자체만으로 큰 희망이 된다. 여기에 더해 중요한 한 가지는 성공의 경

---

4) Canadian Screen Awards 2018

5) "I need to say that representation matters. I think a show like Kim's Convenience has proved that representation matters, because when communities and people see themselves reflected up on the screens, it is an inspiring and a very powerful moment for them. Because it means they've moved from the margins into the forefront. It gives them a voice. It gives them hope."

험이다.

성공의 경험은 중요하다. 불가능하지 않다는 것을 안다는 것은 포기하지 않는 원동력이 되어준다. 2008년 미국 대선에서 버락 오바마 대통령이 당선되고 나서야 흑인 사회에서 공공연하게 퍼져있던 흑인은 절대 대통령이 될 수 없다는 냉소가 사라질 수 있었다. 오바마의 대통령 당선은 미국의 흑인사회뿐 아니라 세계의 수많은 이들에게 희망을 심어주었다. 오바마가 퇴임하고 미국은 처음으로 여성 대통령을 배출할 기회를 맞이하기도 했고, 2020년 대선에는 미국 민주당 역사상 가장 다양한 배경을 가진 후보들이 참여했다. 이런 현상을 '유리천장을 깬다'라고도 표현하는데, 한 소외된 집단에서 배출한 리더가 유리천장을 깨뜨리는 것은 단순히 그 집단뿐 아니라 다른 소외된 집단에게도 희망을 안겨주는 계기가 된다. 모두가 소외된 사람 없이 '우리'이기 위해 '희망'이 필요하고 이는 더 많은 성 소수자의 정계 진출을 통해서 안겨줄 수 있다는 것은 이런 맥락으로 이해할 수 있다.

그렇다면, 밀크의 사후 40여 년이 지난 지금 성 소수자들의 삶은 어떻게 변했을까? 많은 긍정적인 변화들이 있었다. 밀크가 바라던 대로 많은 성 소수자 정치인들이 정계뿐 아니라 사회 다양한 분야에서 성공을 이루었고, 성적 지향에 의한 차별은 범죄로 인식되기 시작했다. 또한, 자신의 성적 지향에 대해 솔직하게 밝히는 것을 비교적 덜 두려워하게 되었다.

하지만, 여전히 성 소수자들은 미국에서 가장 소외된 집단에 속한다. 커밍아웃은 여전히 많은 이들에게 가족이나 자신이 속한 집단으로부터 버림받는 것을 감수할 수 있는 큰 용기가 필요한 행동이고, 성 소수자를 대상으로 한 혐오 범죄도 심심치 않게 발생한다. 10여 년 전 내가 미국에서 대학을 다니던 시절, 학교 카페테리아에서 동성애 혐오 범죄로 살해된 피해자들의 사진이 붙어있는 것을 보고 충격을 받은 적이 있다. 동성 간 성관계의 제도적 금지는 연방대법원의 2003년 Lawrence v. Texas 판결을 통해서야 위헌이 인정되었다. 그 후로 시간이 어느 정도 지났다고는 하지만, 혐오라는 정서가 한순간 사라졌을 것이라 기대하기는 어렵다.

우리 사회는 어떤가?

2009년 9월, 대한민국 현대사의 한 획을 그은 사건이 발생했다. 방송인 홍석천 씨가 '커밍아웃'을 선언한 것이다. 그는 눈물의 기자회견 이후, 모든 방송에서 강제하차 및 출연 정지를 당했고, 온갖 협박과 폭력에 시달려야 했다. 홍석천 씨가 누구에게 피해를 준 것도 아니고, 범죄행위를 한 것도 아니었다. 단순히 자신의 성적 지향을 밝혔을 뿐이지만, 대한민국 사회는 한 사람의 인생을 잔인하게 무너뜨렸다. 그로부터 20년이 지난 지금까지도 홍석천 씨와 같은 유명인의 커밍아웃 사례는 손에 꼽는다. 커밍아웃은 사회적 린치로 이어진다는 것을 대한민국 사회가 경험했기 때문일 것이다.

그럼에도 불구하고, 20년간 아주 더디지만 유의미한 변화가 많이 있었다. 성 소수자에 대한 사회적 인식이 조금씩 바뀌면서 홍석천 씨는 다시 방송에 출연할 수 있게 되었고, 다양한 매체를 통해 성공한 사업가의 모습을 보여주며 많은 이들에게 더 많은 희망을 주고 있다. 덕분에 여전히 팽배한 편견과 혐오 속에서도 더 많은 사람이 자신의 성 정체성을 드러내거나 성 소수자와 함께 연대한다

는 의사표시를 할 수 있게 되었다.[6]

밀크가 강조하는 '희망'이라는 단어에 주목해 생각해
보자. 밀크가 목숨을 걸고 쟁취하고자 했던 희망이라는
것은 거창한 것이 아니다. 그저 다수의 사람과 다르다는
이유로 다수가 당연하게 누리는 삶을 살지 못하는 상태를
벗어나는 것이다. 다수와 다른 인종이나 성별, 신체조건,
성적 지향성 때문에 스스로 있는 그대로 인정받지 못하
고 인간다운 삶을 거부당하지 않는 것. 어쩌면 너무나도
당연한 것이 희망이라는 거창한 단어를 동원해야 할 만큼
간절하고, 사치스럽게 여겨지는 것이다.

밀크는 대화의 물꼬를 트는 것만으로도 사회적 진보가
이루어진 것이라 말한다. 편견은 경험이나 소통의 부재에
서 비롯되는 경우가 많다. 누구나 불완전한 인간이기 때
문에 편견이 존재하는데, 경험이나 소통을 통해 이러한
편견이 어느 정도 사라지는 것을 경험할 수 있다.

---

6) 물론, 이렇게 적음으로써 성 소수자들이 여전히 겪고 있는 사회적 핍박의 정도를 축
소하려는 의도는 전혀 없다. 20년 전과 비교하는 것일 뿐이니 오해가 없었으면 좋
겠다.

대화를 시작하면서 올바른 질문을 하는 것도 중요하다. 동성애에 관련된 이슈가 떠오를 때 흔하게 마주하게 되는 질문은 '당신은 동성애에 찬성하십니까?'이다. 이 질문은 잘못되었다. '당신은 동성애자에 대한 차별에 찬성하십니까?'가 올바른 질문이다. 문제의 본질은 차별에 있기 때문이다.

모두가 희망을 안고 살아갈 수 있는 사회. 있는 그대로 인간으로서 존중받으며 함께 살아갈 수 있는 사회. 그런 사회를 만들기 위해서 더 많은 대화가 필요하다. 더 많은 대화를 통해 우리가 수많은 소수자의 존재를 있는 그대로 받아들이고, 함께 살아가는 법을 배워야 하고, 그들이 누리는 권리가 우리의 그것과 같은 사회가 될 수 있도록 함께 연대해야 한다.

우리는 더 많은 이들이 서로 사랑할 수 있도록, 더 많은 이들이 희망을 안고 살아갈 수 있도록 그들의 목소리를 경청하고, 그들과 함께 목소리를 내며, 더 많은 이들과 함께 한 걸음을 내디딜 수 있도록 인내하고 타협해야 한다. 그 결과가 설령 성에 차지 않고, 변화의 속도가 더디게만 느껴지더라도 중요한 것은 변화가 발생하고 있다는 것, 그리고 그 변화로 인해 더 많은 사람이 희망을 안고 살 수 있게 되었다는 것이다.

모두가 '우리'이기 위해 필요한 희망. 그 희망을 위해 인생을 바친 밀크의 연설에서 오늘날 그 희망이 필요한 이들을 생각해 볼 수 있었으면 한다.

THE HOPE SPEECH
연설

제 이름은 하비 밀크고 여러분을 제 편으로 만들기 위해 이 자리에 왔습니다. 제가 여러분께 꼭 드리고 싶은 정치 유머가 하나 있는데요. 제가 수년간 해오던 건데, 이렇게 많은 사람 앞에서는 해본 적이 없네요. 혹시나 제가 별다른 얘기를 하지 않더라도 여러분께서 집에 가면서 조금은 웃으실 수 있을 것 같습니다.

My name is Harvey Milk, and I'm here to recruit you. I've been saying this one for years. It's a political joke. I can't help it. I've got to tell it. I've never been able to talk to this many political people before, so if I tell you nothing else, you may be able to go home laughing a bit.

한 원양 정기선이 바다를 가로지르다 침몰했습니다. 마침 작은 나무 조각이 떠다니고 있었지요. 이걸 향해 세 사람이 헤엄치지만, 그들은 이내 한 사람만이 이걸 붙잡고 있을 수 있다는 것을 깨닫습니다. 그래서 그 한 사람이 누가 되어야 하는지에 대한 작은 토론이 벌어졌지요.

This ocean liner was going across the ocean, and it sank. And there was one little piece of wood floating. And three people swam to it. And they realized only one person could hold onto it. So they had a little debate about which was the person.

그 사람들로 말할 것 같으면 교황과 대통령 그리고 데일리 시장이었습니다. 교황은 자신이 세계에서 가장 위대한 종교 중 하나의 명목상 지도자이며 수백, 수천만의 정신적 지주라며 거들먹거렸지요. 그들은 이것이 꽤 괜찮은 주장이라고 생각했습니다.

It so happened that the three people were the Pope, the President and Mayor Daley. The Pope said he was the titular head of one of the greatest religions of the world, and he was spiritual adviser to many, many millions. And he went on and pontificated. And they thought it was a good argument.

그러자 대통령이 자신은 세계에서 가장 크고 강력한 국가의 지도자라고 말했습니다. 이 나라에서 벌어지는 일들은 전 세계에 영향을 미친다고 말이지요. 그리고 그들은 이것도 꽤 괜찮은 주장이라고 생각했습니다.

Then the President said he was the leader of the largest and most powerful nation of the world. What takes place in this country affects the whole world. And they thought that was a good argument.

그러자 데일리 시장은 그가 미국의 근간이 되는 도시의 시장이며 시카고에서 벌어지는 일은 전 세계에 영향을 미친다고 했습니다. 또한, 시카고 대교구에서 벌어지는 일은 가톨릭 전체에 영향을 미친다고 했습니다. 그리고 그들이 이 또한 꽤 괜찮은 주장이라고 생각했습니다. 그래서 그들은 민주적으로 투표를 진행했고 데일리가 7대 2

로 이겼어요.[7]

And Mayor Daley said he was the mayor of the backbone of the United States. And what took place in Chicago affected the world. And what took place in the Archdiocese of Chicago affected Catholicism. And they thought that was a good argument. So they did it the democratic way and voted. And Daley won seven to two.

6개월 전 아니타 브라이언트[8]는 자신이 하나님과의 대화에서 캘리포니아의 가뭄이 게이들 때문이라는 것을 들었다고 했습니다. 11월 9일, 제가 당선된 다음 날 비가 오기 시작했어요. 제가 취임 선서를 하던 날 우리는 시청으로 걸어갔습니다. 날씨가 화창했었는데, 제가 "네"라고 선서하는 순간 다시 비가 오기 시작하더라고요. 이걸 막을 방법은 주민소환밖에 없다는 것을 샌프란시스코 시민들은 깨달았다고 해요. 이건 로컬 조크였고요.

---

7) 시카고 시장선거가 실제 유권자 수보다 행사된 표의 수가 더 많게 조작함으로써 민주당 데일리 시장이 당선되도록 조작되었다는 의혹에 기반한 조크.

8) 아니타 브라이언트는 당시 유명 가수이자 동성애 차별에 앞장선 활동가로 1977년 플로리다 데이드 카운터의 차별금지법 철회를 이끌어낸 것으로도 유명.

About six months ago, Anita Bryant, in her speaking to God, said that the drought in California was because of the gay people. On November 9, the day after I got elected, it started to rain. On the day I got sworn in, we walked to City Hall. And it was kind of nice. And as soon as I said the word "I do," it started to rain again. It's been raining since then. And the people of San Francisco figure the only way to stop it is to do a recall petition. That's the local joke.

자 그렇다면 우리는 왜 여기에 왔을까요? 왜 게이들이 여기 모인 걸까요? 그리고 무슨 일이 벌어지고 있는 것일까요? 제게 있어서 지금 벌어지는 일들은 여러분들이 신문에서 읽거나 라디오에서 듣는 것들과 반대되는 것입니다. 여러분들은 우경화에 대해서 읽거나 들어보셨을 것입니다. 우리가 결집해서 이 우경화라는 것에 맞서 싸워야 한다고 말이지요. 저는 여러분들이 이렇게 듣거나 읽는 내용이 사실은 그들이 여러분들로 하여금 그렇게 생각해 주기를 바라는 내용이라고 감히 말씀드립니다.

So much for that. Why are we here? Why are gay

people here? And what's happening? What's happening to me is the antithesis of what you read about in the papers and what you hear about on the radio. You hear about and read about this movement to the right, that we must band together and fight back this movement to the right. And I'm here to go ahead and say that what you hear and read is what they want you to think.

실제로는 일어지지 않고 있는 일이니까요. 이 나라의 주요 언론들이 우경화에 관해 이야기하는 것은 의회와 법률 입안자들, 그리고 시의회가 그것이 실제 사회적 움직임이라고 믿게 함으로써 보수화되도록 유도하는 것입니다. 그래서 이런 이야기를 계속하는 것입니다.

Because it's not happening. The major media in this country has talked about the movement to the right, so the legislators think that there is indeed a movement to the right and that the Congress and the legislators and the City Council will start to move to the right and the way the major media want them. So they keep on talking about this move to the right.

그러면 1977년을 돌아보며 실제로 우경화가 진행되고 있는지를 살펴봅시다. 1977년 게이들은 마이애미에서 권리를 빼앗겼습니다.[9] 하지만 여러분들은 마이애미 사건 일주일 전후로 "호모 섹슈얼" 혹은 "게이"라는 단어가 찬성 혹은 반대의 기사로 이 나라 모든 신문에 나타났다는 사실을 기억해야 합니다. 세계 역사상 처음으로 모든 라디오 방송사와 TV 방송사, 가정에서는 긍정적으로든 부정적으로든 이에 대한 이야기를 나누었습니다.

So let's look at 1977, and see if there was indeed a movement to the right. In 1977, gay people had their rights taken away from them in Miami. But you must remember, that in the week before Miami and the week after that, the word "homosexual" or "gay" appeared in every single newspaper in this nation in articles both pro and con. And every radio station and every TV station and every household, for the first time in the history of the world, everybody was talking about it, good or bad.

---

9) 데이드 카운티의 차별금지법 철회 사건을 이야기함.

대화를 하지 않는 이상, 대화의 문을 열지 않는 이상 사람의 의견을 절대 바꿀 수 없습니다. 그 두 주 동안 긍정적으로든 부정적으로든 호모 섹슈얼 그리고 게이라는 단어는 아마 이전까지 인류 역사를 통틀어 사용된 것보다 더 많이 쓰였을 것입니다. 일단 대화가 시작되면 편견을 깰 수 있게 되는 것이고요.

Unless you have dialogue, unless you open the walls of dialogue, you can never reach to change people's opinion. In those two weeks, more good and bad, but more about the word homosexual and gay was written than probably in the history of mankind. Once you have dialogue starting, you know you can break down prejudice.

1977년 우리는 대화가 시작되는 것을 목격하였습니다. 1977년 우리는 샌프란시스코에 게이가 당선되는 것을 목격하였고, 1977년 우리는 미시시피가 마리화나를 비범죄화하는 것을 목격하였습니다. 1997년 우리는 휴스턴에서 컨벤션 중 컨벤션이 열리는 것을 목격하였습니다.[10] 대체 우경화는 어디서 진행되고 있다는 것인지 저는 알고 싶습니다.

In 1977, we saw a dialogue start. In 1977, we saw a gay person elected in San Francisco. In 1977, we saw the state of Mississippi decriminalize marijuana. In 1977, we saw the convention of conventions in Houston. And I want to know where the movement to the right was happening.

이게 작년에 일어난 일들의 기록입니다. 우리가 해야 할 일은 1978년에도 미디어가 여러분께 숨기고 있는 이런 실제 움직임이 계속되도록 하는 것입니다. 그것은 바로 진보화입니다. CDC[11]의 역할은 새크라멘토에 압력을 가하는 것이 아니라 이러한 진보화가 계속되고 전국적으로 확대될 수 있도록 벽을 허무는 것입니다.

---

10) 휴스턴에서 2만여 명이 참석한 전국 여성대회(National Women's Conference)를 의미

11) 캘리포니아 민주당 위원회(California Democratic Council)의 약어.

What that is, is a record of what happened last year. What we must do is make sure that 1978 continues the movement that is really happening and that the media don't want you to know about. That is the movement to the left. It is up to CDC to put the pressures on Sacramento, but to break down the walls and the barriers so the movement to the left continues and progress continues in the nation.

지금 우리 앞에는 우리가 이야기를 나누어봐야 할 몇 가지 이슈들이 있습니다. 올 6월에 투표에 부쳐질 가장 중요한 법안들 중에 있다가 얘기할 브릭스 조항[12] 외에 우리는 자비스-갠 조항[13]에 대한 투표가 있음을 알고 있습니다. 이에 대해서 납세자들이 찬성과 반대의 이야기를 나

---

12) 브릭스 조항은 캘리포니아 주민 발의 법안 6호(Proposition 6)로 공화당원 존 브릭스(John Briggs)가 발의하였으며, 캘리포니아에서 성 소수자의 공립학교 취업을 금지하는 내용을 담고 있음. 밀크의 연설 이후, 캘리포니아주 의회는 이 법안을 통과시키지 않음.

13) 자비스-갠 조항은 하워드 자비스(Howard Jarvis)와 폴 갠(Paul Gann)가 발의한 주민 발의 법안 13호(Proposition)로 재산세율은 부동산 평가액의 1% 이하로 제한하고, 부동산 가치가 올라도 현재 세액의 2%가 넘지 않도록 하는 내용을 담고 있음. 이 조항은 밀크의 연설 이후, 주 의회에서 통과됨.

누는 것을 듣게 되지요. 하지만 우리는 이것이 역대급으로 가장 인종차별적인 법안이라는 이야기는 듣지 못합니다.

We have before us coming up several issues we must speak out on. Probably the most important issue outside the Briggs which we will come to, but we do know what will take place this June. We know that there's an issue on the ballot called Jarvis-Gann. We hear the taxpayers talk about it on both sides. But what you don't hear is that it's probably the most racist issue on the ballot in a long time.

이 조항이 통과되면 샌프란시스코의 시와 카운티에서 사람들이 해고됩니다. 그들은 누구일까요? 가장 처음 취업한 사람들과 가장 최근에 취업한 사람들, 그리고 최근에 취업한 사람 중에서도 소수자들이 그들입니다. 자비스-갠은 인종차별의 문제입니다. 우리는 이것을 짚어주어야 합니다. 우리는 이 대화를 피하지 말아야 합니다. 우리는 그들이 이 법이 얼마만큼 돈을 아껴줄 수 있는지에 대해 이야기하도록 허용해서는 안 됩니다. 이를 통해 돈

을 아끼게 되는 사람이 누구고, 다치게 되는 사람이 누구
인지를 보면 그럴 수 없습니다.

In the city and the county of San Francisco, if it passes
and we indeed have to lay off people, who will they be?
The last in and the first in and who are the last in but the
minorities. Jarvis-Gann is a racist issue. We must address
that issue. We must not talk away from it. We must not
allow them to talk about the money it's going to save,
because look at who's going to save the money and look
at who's going to get hurt.

북부의 카운티들을 중심으로 떠오른 또 다른 이슈가
있습니다. 저는 이것이 남부의 카운티들에도 퍼지기를 희
망합니다. 샌프란시스코에서는 투표를 통해 남아프리카
공화국 영사관을 폐쇄하도록 압력을 가하도록 요청합니

다.[14] 적어도 우리는 그렇게 요청하도록 희망합니다. 이는 반드시 이루어져야 합니다.

We also have another issue that we have started in some of the north counties. And I hope in some of the south counties, it continues. In San Francisco, elections were asking – at least we hope to ask – that the US government put pressure on the closing of the South African consulate. That must happen.

워싱턴에 있는 대사관과 주요 도시에 있는 영사관에는 큰 차이가 있습니다. 영사관은 비즈니스, 경제적 이득, 관광, 투자 등을 위한 목적만을 위해 존재합니다. 누구든 남아공에 갈 일이 생기면 그 순간 그 역겨운 정권을 돕는 것이나 마찬가지입니다.

---

14) 남아프리카 공화국은 당시 극단적 인종 분리·차별 정책인 아파르트헤이트 (Apartheid) 정책을 펼치고 있었으며, 1964년 반대 투쟁의 선봉장인 넬슨 만델라의 투옥 이후 미국에서 진보 활동가들을 중심으로 남아프리카 공화국과의 국교를 끊고, 제재를 가할 것을 주장하기 시작. 밀크는 성 소수자에 대한 차별 문제 해결을 위해 차별당하는 다른 집단과의 연대를 강조했기에 유색인종 차별의 부당함에 대해서도 목소리를 높임.

There is a major difference between an embassy in Washington, which is a diplomatic borough and a consulate in major cities. A consulate is there for one reason only, to promote business, economic gains, tourism, investment. And every time you have a business going to South Africa, you're promoting a regime that's offensive.

샌프란시스코 인구의 51%는 남아공에 가면 이등 시민이 됩니다. 이는 샌프란시스코 시민들에 대한 모독입니다. 저는 북부 지역의 모든 동료들이 그 영사관의 폐쇄를 위한 모든 수단을 동원하고, 다른 지역 분들도 우리와 함께해주기를 희망합니다.

In the city of San Francisco, if every one of 51% of that city were to go to South Africa, they would be treated as second class citizens. That is an offense to the people of San Francisco. And I hope all my colleagues up there will take every step we can to close down that consulate and hope that people in other parts of the state follow us in that lead.

이 전투는 어디에선가는 시작되어야 합니다. 그리고 CDC는 그 전투를 시작하기에 아주 좋은 곳입니다. 저는 시간이 촉박하다는 것을 알기에 한 가지만 더 짚고 넘어 갈게요. 동성애자들이 왜 출마를 하고 당선되어야 하는 지, 그 중요성에 관한 이야기입니다. 이 자리에 중앙위원 에 출마하는 동성애자분들이 많이 와 계신다는 것을 알고 있습니다. 여러분들을 응원합니다.

The battles must be started someplace. And CDC is a great place to start the battles. I know we are pressed for time, so I'm going to cover just one more little point. That is, to understand why it's important that gay people run for office, and that gay people get elected. I know there are many people in this room who are gay who are running for a central committee. And I encourage you.

여기에는 중요한 이유가 있습니다. 이곳에 모인 이곳 에 모인 저의 이성애자 친구들과 지지자들은 당선되기 전 까지 왜 그렇게 자주 출마했는지를 이해할 것입니다. 이 컨벤션에서도 게이 주지사에 대해서 논란이 있습니다. 그 가 우리를 위해 충분히 목소리를 내고 있는가? 그가 게이 인권신장을 위해 충분히 강력한가? 논란은 존재하고, 이러한 논란이 없다고 이야기하는 것은 바보 같은 짓이에요. 누구는 충분하다고 생각하고 누구는 그렇다고 생각하지 않습니다.

There's a major reason why. If my nongay friends and supporters in this room understand it, they'll probably understand why I've run so often before I finally made it. You see right now, there's a controversy going on in this convention about the gay governor. Is he speaking out enough? Is he strong enough for gay rights? And there is controversy. And for us to say that there is not would be foolish. Some people are satisfied. And some people are not.

그냥 친구와 게이, 당선된 친구와 당선된 게이 사이에는 여전히 엄청난 차이가 있습니다. 게이는 전국적인 조롱의 대상 이어 왔습니다. 우리는 먹칠 되고 포르노 사진에 붙여집니다. 데이드 카운티에서 우리는 아동 성추행

혐의를 받기도 했습니다.[15] 더 이상 우리를 대변할 친구를 두는 것만으로는 그 친구가 아무리 훌륭하더라도 부족합니다.

You see there is a major difference – and it remains a vital difference – between a friend and a gay person, a friend in office and a gay person in office. Gay people have been slandered nationwide. We've been tarred and we've been brushed with the picture of pornography. In Dade County, we were accused of child molestation. It is not enough anymore just to have friends represent us, no matter how good that friend may be.

흑인 커뮤니티는 오래전에 그런 결심을 했습니다. 흑인에 대한 근거 없는 편견을 없앨 수 있는 유일한 방법은 흑인 지도자들을 당선시킴으로써 흑인 커뮤니티가 그러한 편견이나 흑인 범죄자들이 아닌 그 지도자들을 통해 평가받을 수 있도록 하는 방법이라는 것입니다. 스패니쉬

---

15) 플로리다 데이드 카운티에서 차별금지법이 철회된 이후, 동성애 차별 단체들이 더 힘을 받게 되면서 이들을 중심으로 동성애자들이 아동 성추행과 포르노에 빠지는 경향이 있다는 거짓말이 퍼지기 시작.

커뮤니티는 라틴계 범죄자 혹은 편견에 의해 평가되어서는 안 됩니다. 아시안 커뮤니티도 아시안 범죄자 혹은 편견에 의해 평가되어서는 안 됩니다. 이탈리안 커뮤니티는 마피아 관련 편견에 의해 평가받아서는 안 되겠지요.

The black community made up its mind to that a long time ago. The myths against blacks can only be dispelled by electing black leaders so the black community could be judged by its leaders and not by the myths or the black criminals. The Spanish community must not be judged by Latin criminals or myths. The Asian community must not be judged by Asian criminals or myths. The Italian community must not be judged by the mafia-myths.

게이 커뮤니티도 더 이상 우리 안의 범죄자들이나 우리에 대한 근거 없는 편견에 의해 평가받지 말아야 할 때가 되었습니다. 우리는 다른 모든 그룹과 마찬가지로 스스로 게이라고 밝힌 우리의 리더들로 평가받아야 합니다. 드러내지 않으면 우리는 계속 어둠 속에 살아야 합니다. 이성애자 부모, 형제, 자매, 친구가 없으면 고용이 되더라도 중책을 맡지 못하겠지요.

And the time has come when the gay community must not be judged for our criminals and our myths. Like every other group, we must be judged by our leaders and by those who are themselves gay, those who are visible. For invisible, we remain in limbo. A myth. A person with no parents, no brothers, no sisters, no friends who are straight, no important positions in employment.

이대로라면 이 나라의 10분의 1에 해당하는 사람들이 고정관념의 대상이 되고, 아동 성추행범으로 몰릴 것입니다. 그러한 고정관념에 악의는 없겠습니다만 오늘날 흑인 커뮤니티는 그들의 친구가 아닌 흑인 의원들과 지도자들로 평가받고 있습니다. 우리도 우리의 지도자들과 우리가 배출한 의원들로 평가될 기회가 필요합니다.

A tenth of the nation's supposedly composed of stereotypes and would-be seducers of children. And no offense meant to those stereotypes but today, the black community is not judged by its friends but by its black legislators and leaders. And we must give people the chance to judge us by our leaders and legislators.

선출직 게이는 우리가 속한 집단이나 그보다 확장된 커뮤니티뿐 아니라 우리 커뮤니티 내에서 본받을 대상과 희망이 필요한 어린이들에게 존경과 새로운 풍토를 끌어낼 수 있습니다. 우리가 당선시킬 첫 게이 지도자는 강해야 합니다. 버스 뒷자리에 앉는 것에 머물러서는 안 됩니다. 쉽게 금품을 받아서도 안 됩니다. 수완을 발휘하는 것에 그쳐서는 안 되며, 우리 모두를 위해 매수되지 않고 독립적이어야 합니다.

A gay person in office can set a tone, can command respect, not only from the larger community, but from the young people in our own community who need both examples and hope. The first gay people we elect must be strong. They must not be content to sit in the back of the bus. They must not be content to accept pabulum. They must be above wheeling and dealing. They must be, for the good of all of us, independent, unbought.

우리의 일부가 느끼는 분노와 좌절은 우리가 오해받는 것에서 비롯됩니다. 우리의 친구들은 그런 분노와 절망을 느끼지 못합니다. 우리에게서 그런 감정이 느껴질 수는 있겠지만 실제로 그 감정을 느끼지는 못합니다. 그들은 "커밍아웃"이라는 것을 경험해보지 못했기 때문입니다. 저는 우러러볼 대상이 없는 상태에서 커밍아웃한다는 것이 어땠는지 절대 잊지 못합니다.

The anger and the frustrations that some of us feel is because we are misunderstood. And friends can't feel that anger and frustration. They can sense it in us, but they can't feel it. Because a friend has never gone through what is known as "coming out." I will never forget what it was like coming out and having nobody to look up toward.

저는 그런 희망의 부재를 기억하고 있으며, 그것은 우리의 친구들이 채워주지 못하리라는 것도 것도 알고 있습니다. 저는 게이든, 노인이든, 흑인이든 취업의 불가능 앞에서, 라틴계가 자신의 문제와 염원을 자신의 모국어가 아닌 말로 설명하지 못해서 희망을 잃은 표정들을 잊지 못합니다. 저는 사람이 건물보다 중요하다는 사실을 절대 잊지 못합니다.

I remember the lack of hope, and our friends can'

t fulfill it. I can't forget the looks on faces of people who have lost hope, be they gay, be they seniors, be they blacks looking for an almost impossible job, be they Latins trying to explain their problems and aspirations in a tongue that's foreign to them. I personally will never forget that people are more important than buildings.

저는 자랑스럽기 때문에 "저"라는 단어를 사용합니다. 오늘 밤 저는 저의 게이 형제자매들 그리고 친구들 앞에 섰습니다. 여러분들이 자랑스럽기 때문입니다. 이제 더 이상 벽장 뒤에 숨지 않아도 됨[16]에 자랑스러워할 수 있는 게이 의원들을 많이 배출해낼 때가 되었습니다. 스스로를 게이라 밝힌 사람은 책임을 회피하거나 자신의 직책에서 쫓겨나는 것을 두려워하지 않을 것입니다.

I use the word "I" because I am proud. I stand here tonight in front of my gay sisters, brothers and friends, because I'm proud of you. I think it's time that we have

---

16) '커밍아웃'을 하지 않는 성 소수자를 영어식 표현으로 벽장 뒤에 숨었다고 흔히 묘사함(예. Closet Gay)

many legislators who are gay and proud of that fact and do not have to remain in the closet. I think a gay person upfront will not walk away a responsibility and be afraid of being tossed out of office.

데이드 카운티에서 벌어진 일 이후, 이후 저는 매일 밤 분노와 절망에 휩싸인 이들과 함께 걸었습니다. 저는 그들의 얼굴을 바라보았습니다. 샌프란시스코에서는 게이 프라이드 데이 3일 전, 게이라는 이유로 살해당한 이가 있었습니다. 저는 그날 밤, 슬픔과 비탄에 빠진 이들과 함께 시청 앞을 걸었고, 이후 카스트로 스트리트에서 침묵하며 촛불을 밝힐 때 함께 했습니다. 그들은 어떤 희망을 상징해줄 무언가를 찾고 있었습니다. 이들은 가게에서, 거리에서, 모임에서 본 적이 있거나 본 적이 없더라도 제가 알고 있던 이들이었습니다. 그들은 모두 강인한 사람들이었습니다. 그런 강인한 사람들조차 희망은 필요했습니다.

After Dade County, I walked among the angry and frustrated night after night. And I looked at their faces. And in San Francisco, three days before Gay Pride Day, a person was killed just because he was gay. And that night I walked among the sad and the frustrated at City Hall in San Francisco, and later that night, as they lit candles on Castro Street and stood in silence, reaching out for some symbolic thing that would give them hope. These were strong people whose faces I knew from the shop, the streets, meetings, and people who I never saw before but I knew. They were strong, but even they needed hope.

알투나, 펜실베니아, 리치몬드, 미네소타에 살며 커밍아웃을 하고 TV에서 아니타 브라이언트와 그녀의 이야기를 듣게 된 게이 동지들. 그들이 기대해야 할 것은 단 한 가지, 희망입니다. 여러분들이 그들에게 희망을 주어야 합니다. 더 나은 세상에 대한 희망, 더 나은 내일에 대한 희망, 가정에서의 압박이 너무 클 때 머무를 수 있는 공간에 대한 희망. 우리가 다 괜찮아질 것이라는 희망 말입니다. 희망 없이는 게이뿐 아니라 흑인들, 연장자들, 장애인들, 그 "우리들". "우리들"은 포기하게 될 것입니다.

And the young gay people in Altoona, Pennsylvanias, and the Richmond, Minnesotas, who are coming out and hear Anita Bryant on television and her story. The only thing they have to look forward to is hope. And you have to give them hope. Hope for a better world, hope for a better tomorrow, hope for a better place to come to if the pressures at home are too great. Hope that all will be all right. Without hope, not only are the gays, but the blacks, the seniors, the handicapped, the "us-es." The "us-es" will give up.

여러분들이 중앙 위원회와 다른 직에 더 많은 게이들을 당선시켜준다면 우리 소외된 모든 이들이 앞으로 나아갈 수 있도록 녹색 불을 켜는 것입니다. 게이가 해낼 수 있으면 누구에게나 문이 열려있다는 의의이기 때문에 좌절한 국민들에게 희망을 주게 됩니다. 그래서 제가 전하고자 하는 메시지가 있다면 그것은 저의 개인적 당선보다 더 우선시되는 무언가가 있음을 찾았다는 것입니다. 이는 게이의 당선은 녹색 불을 켜는 것이라는 사실입니다. 그리고 당신, 당신, 그리고 당신은 모두 사람들에게 그런 희망을 주어야 합니다. 대단히 감사합니다.

And if you help elect the Central Committee and other

offices, more gay people – that gives a green light to all who feel disenfranchised, a green light to move forward. It means hope to a nation that has given up, because if a gay person makes it, the doors are open to everyone. So if there's a message I have to give, it is that I found one overriding thing about my personal election. It's the fact that if a gay person can be elected, it's a green light. And you and you and you – you have to give people hope. Thank you very much.

하비 밀크

작가의 말

우리는 '말'과 '표현'이 지배하는 시대에 살고 있다. 누구나 쉽게 자신을 생각을 표현할 수 있게 되면서 언어의 시장이 그만큼 커졌고, 지금, 이 순간에도 수많은 사람이 가치 유무나 진실 여부와 관계없이 이 시장에 활발하게 참여하고 있다.

하지만, 아이러니하게도 어떤 언어적 표현을 함에 있어서 점점 조심스러워지는 시대이기도 하다. 한 인간의 삶이 그가 어느 순간 사용한 표현 하나로 정의 내려지기도 하고, 수십 년 전 뱉은 말들로 인해 곤욕을 치르기도 한다.

그럼에도 불구하고, 시대를 초월해 우리에게 끊임없는 질문을 던지는 말들도 있다. 우리가 '명연설'이라 부르는 말들이 그러하다.

학창 시절부터 연설을 듣거나 읽는 것을 좋아하기도 했고, 기회가 될 때마다 유명 인사들의 강연이나 연설을 찾아보는 편이었다. 2017~8년에는 모 정치인의 출마선언문을 비롯한 연설문, 메시지 작성을 도맡아서 진행하기도 했는데 내게는 항상 좋아서 소비만 하던 '연설'이라는 방식의 소통을 직접 생산해 필드에 적용해볼 수 있었던 매우 소중한 경험이었다.

내가 다른 언어적 표현에 비해 연설을 좋아하는 이유는 크게 세 가지다. 우선, 연설은 그 사람이 어떤 사람인지를 보여준다. 둘째, 좋은 연설은 당시의 시대상을 잘 드러낸다. 셋째, 명연설은 시공간을 초월하는 메시지를 던진다.

이 중 세 번째를 부각하기 위해 비교적 오래된 연설들을 선정했고, 첫 번째 요소와 두 번째 요소들을 소개하며 마지막에 해설과 오늘날 우리 사회에 던지는 질문들로 구성했다. 너무나도 잘 알려진 인물의 유명한 연설도 담겨 있지만, 그렇지 않고 다소 생소한 인물의 덜 알려진 연설도 포함되어 있다.

이렇게 주제와 연설의 선정부터 해석과 해설까지 나의 가치관과 편견이 수반될 수밖에 없기 때문에 많이 조심스러운 것도 사실이다. 출판 계약을 맺었을 때는 신나는 감정이 지배적이었는데, 정작 출판을 앞둔 지금 설렘보다는 두려움의 감정이 앞선다. 가까운 사람들로부터 '표현력이 약하다'라는 말을 종종 듣기 때문에 나의 생각이나 마음이 제대로 전달이 되지 못할 수 있다는 두려움을 항상 안고 살아가는 사람이다 보니 더더욱 그렇다.

그럼에도 불구하고, 시대를 초월한 말들의 가치는 분명히 존재하고, 그 말들을 통해 오늘날을 살아가는 우리가 생각해볼 지점들도 분명히 존재한다고 생각하기에 이를 정리해 세상에 내놓게 되었다. 이 책을 읽어보기로 선택하신 분들이 계신다면 내가 어떤 답을 내리려고 하는 것이 아니라 함께 생각해볼만한 주제와 질문을 던지고자 했음을 알아주셨으면 좋겠다.

끝으로 이 책이 세상에 나올 수 있도록 나를 지지해준 사랑하는 가족들과 출판사에 진심으로 감사하다는 말씀을 드린다.

2021년 8월 3일
탐앤탐스 정자 카페거리점에서
정인성

세상을 바꾼 명연설

1판 1쇄   2021년 10월 19일
지은이   정인성
기　획   손현욱
펴낸이   손정욱
마케팅   이충우
디자인   이창욱
펴낸곳   도서출판 답
출판등록   2010년 12월 8일 제 312-2010-000055호
전화   02.324.8220
팩스   02.6944.9077

이 도서의 국립중앙도서관 출판예정도서목록(CIP)은 서지정보 유통지원시스템 홈페이지(http://seoji.nl.go.kr)과
국가자료 종합목록 시스템 (http://www.nl.go.kr/kolisnet)에서 이용하실 수 있습니다.

ISBN   979-11-87229-37-7 03340
값 16,000원